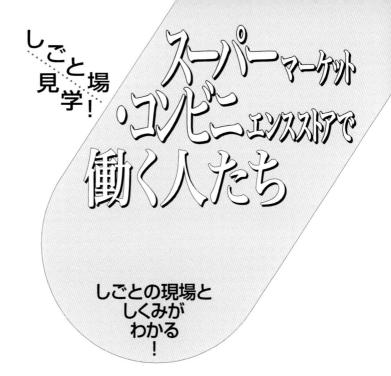

しごと場
見学！

スーパーマーケット・コンビニエンスストアで働く人たち

しごとの現場と
しくみが
わかる
！

浅野恵子 著

全国中学校進路指導・キャリア教育
連絡協議会推薦

ぺりかん社

この本でみなさんに
伝えたいこと

　私たちが暮らす町に必ずある施設やひんぱんに利用する場所。このシリーズではそんな施設や場所を、中学生2人の「バーチャル見学記」と、実際に働いている人への「インタビュー」で紹介しています。

　今回みなさんにご紹介するのは、スーパーマーケット（スーパー）とコンビニエンスストア（コンビニ）です。どちらも私たちの暮らし、特に食生活を支えてくれる大事なお店であり、また身近な存在とも言えます。小さいころからお母さんとスーパーで買いものをしたり、コンビニでお菓子や雑誌を買っている人も多いことでしょう。

　でも、実際にそこで働いている人といえば、お金を払うときレジにいる人ぐらいしか思い浮かばないかもしれません。よく知っているはずの施設にも入ったことのない場所があり、そこで思わぬ仕事が行われていたりするものです。

　たとえばスーパーには、売り場の裏側で、配達された荷物を仕分けたり、保管したり、あるいは売り場に品物を出す仕事をする人たちもいます。お客さまがいつお店に来ても「ほしいもの」が棚に並んでいるよう、隠れたところで準備や作業をしている人がいるのです。

　コンビニにもお店の裏に事務所や倉庫があり、そこで注文作業や商品の整理などが行われています。24時間営業しているコンビニでは、規模の小さなお店でも十数人、お店によっては20人以上の店員さんが、必要なことを伝え合いながら交代し、お客さまへのサービスに努めているのです。

　スーパー、コンビニともに、個人が経営しているお店と、企業がチェーン展開をしているお店があります。みなさんも知っている大手会社に

3

なると、東京に本社（本部）を置くほか、北海道から九州まで支社を設け、配送センターも全国各地に配置するなど、働いている人の数も職種もぐんと多くなるのです。

　たとえば、みなさんがテレビで見るコマーシャルは、本社の企画部や広告部といった部署で考案され、その制作には、広告代理店の担当者やカメラマン、それにタレントなども加わります。このように間接的にかかわる人も含めると、スーパーやコンビニは非常に多くの人に支えられて成り立っているのです。

　この本では、ふだんお店を利用しているだけではわからない職種や、なかなか出会えない人たちにもスポットを当てて紹介していきます。

＊　＊　＊

　アルバイトやパートの社員が大勢働いていることが、スーパーとコンビニに共通した特徴です。インタビューに答えてくれた人のなかには「高校時代にこのお店でアルバイトしたことが入社のきっかけになった」という人が何人かいました。
「サービス業のアルバイトをしたい」
「人と接してものを売る仕事をしたい」
　そう考える高校生にとって、スーパーやコンビニはごく身近で魅力的なアルバイト先です。レジでお客さまと接することで、人と話すときのマナーを身につけたり、スーパーの裏側で作業することで農産物、海産物のことや流通の仕組みを学ぶこともできます。

　みなさんは高校生になる前に学校のキャリア教育の一環として、スーパーやコンビニの仕事を体験するかもしれません。そんなときは、ぜひこの本を「予習」に使ってください。実際には体験できないみなさんも、この本でバーチャル体験を楽しんでいただければうれしく思います。

著者

スーパーマーケット・コンビニエンスストアで働く人たち　目次

Chapter 1

スーパーマーケットやコンビニエンスストアってどんな場所だろう？

Chapter 2

スーパーマーケットの売り場ではどんな人が働いているの？

Chapter 3

スーパーマーケットのバックヤードではどんな人が働いているの？

Chapter 4

スーパーマーケットを支えるためにどんな人が働いているの？

Chapter 5

コンビニエンスストアではどんな人が働いているの？

Chapter 6

コンビニエンスストアを支えるためにどんな人が働いているの？

取材協力：サミット株式会社（チャプター2、3、4）
　　　　　株式会社ローソン（チャプター5、6）

Chapter 1

スーパーマーケットや
コンビニエンスストアって
どんな場所だろう?

スーパーマーケットや コンビニエンスストアには こんなにたくさんの 仕事があるんだ！

日々の暮らしに欠かせないお店

　私たちが日々生活していくうえで、スーパーマーケット（スーパー）やコンビニエンスストア（コンビニ）は欠かせない存在になってきた。スーパーは 1950 年代、コンビニは 1970 年代から日本に登場したが、2011 年現在、日本全国にスーパーがおよそ 3 万 7900 店、コンビニは 4 万 6000 店以上もある。

　スーパーの商品は、野菜や肉、魚といった食料品が中心だが、これらの商品は 1970 年代ごろまで八百屋さん、肉屋さん、魚屋さんなど、それぞれ専門の小売店で売られていた。

もちろん今でも小売店は残っているが、多くの種類をまとめて扱うスーパーの登場で、町の中から小売店は徐々に減ってしまった。小売店ではお店の人とお客さまが会話しながら買いものをするが、お客さまが棚からほしいものを選んでレジで会計するスーパーが増えて「町の人同士のつながりが薄くなった」とも言われた。

　しかし最近では、町内会に加入して町の小売店と共存する方法を考えたり、イベントを開催して近隣地域に貢献するスーパーも多い。みなさんの家で食べる食事にも、スーパーで購入した食材がきっと使われているはずだ。

　一方、コンビニでも食べものは売られている。だが、すでに調理してあり、買ったらすぐに食べられるものが中心という点が、スーパーと異なる。

　そのほかにもスーパーとコンビニには、いくつか違いがあるが、みなさんは知っているだろうか？

スーパーとコンビニ、どこがどう違う？

　いったいスーパーとコンビニでは何がどう違うのか。ここであらためてその違いを見ていこう。スーパーは、経済産業省の業態（小売業や企業などの状態や形態）分類によると、店の広さや取り扱い商品などによって「総合スーパーマーケット」「専門スーパーマーケット」などいくつかに分けられているが、いずれも多種類の生鮮品や加工食品、飲料品をセルフサービスで売っている。中・大型店になると、これに日用品などの商品が加わる。いちばん多いお客さまは、料理の材料となる生鮮食料品や豆腐などを買いに行く主婦層だ。

　コンビニも飲料品や食料品をセルフサービスで売っているところまではスーパーと同じだが、営業時間と店の広さの定義が異なる。都心のコンビニは大半が24時間営業だが、14時間以上開店していればコンビニとしての条件は満たされる。広さは30平方メートル以上250平方メ

スーパーへ商品が届くまで

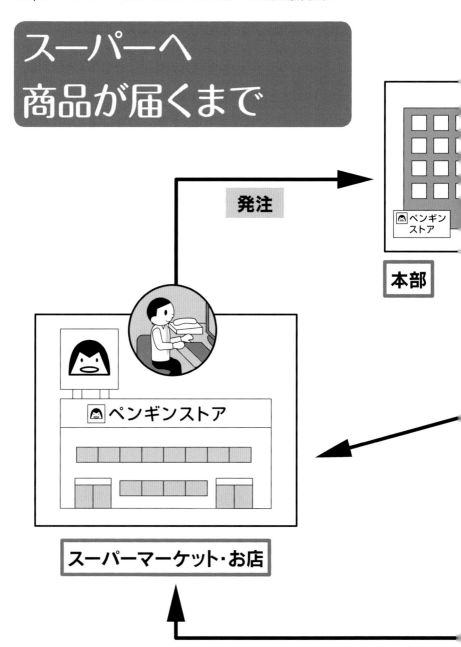

発注

ペンギンストア

本部

ペンギンストア

スーパーマーケット・お店

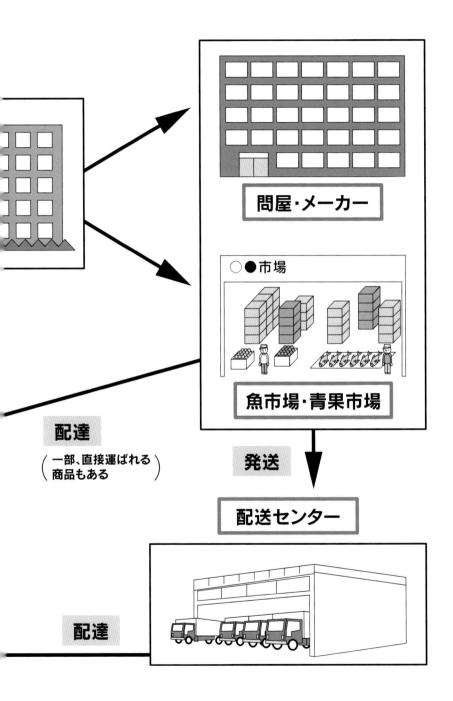

問屋・メーカー

○●市場

魚市場・青果市場

配達

(一部、直接運ばれる)
(商品もある)

発送

配送センター

配達

ートル以下と決められているので、一般にスーパーより売り場面積は狭い。

　前に書いたようにコンビニで売られている食品はお弁当やおにぎり、サンドイッチなど加工された食品がほとんどなので、近くに職場がある人や学生の利用客が多い。またコミック誌を含む雑誌をたくさん置いているのもコンビニの特徴で、その意味でもコンビニには若い層が多く集まる。

　スーパーとコンビニの違いをひと言でまとめると、スーパーは料理の材料や日用品などを買いに行くお店、コンビニはすぐに食べたり飲んだりするものを買いに行くお店といえるだろう。

スーパーやコンビニの裏側はどうなっている?

　ところで、スーパーやコンビニによく行く人も、そこでどんな人がどんな仕事をしているのかまでは、わからないかもしれない。どちらもセルフサービスのため、店内で目にするのはレジカウンターにいる人ぐらいだ。

　スーパーでは、棚の商品を補充している人も見かけるかもしれないが、実は店内で見る従業員のほかにも多くの人が働いている。どのスーパーにもバックヤードと呼ばれる裏の作業場があり、そこで大きな野菜や肉のかたまりを切り分けたり、パックや袋に詰めて値札を貼ったりする人がいる。お弁当やおかず類を店でつくっているスーパーには、バックヤードに調理場があり、そこで1日中調理や盛りつけをしている人もいるのだ。

　スーパーでは、各売り場、作業ごとに担当者がいる場合が多いが、コンビニでは店員それぞれがレジも商品補充も店内のそうじも担当している。アルバイトやパート店員が、店長に信頼されて商品の発注を任されることもある。

　また、スーパーもコンビニも、個人が経営しているお店もあれば、チ

14

ェーン店をたくさんもっているお店もある。チェーン展開している場合、お店のほかに「本部」と呼ばれる場所があり、そこで仕入れや商品開発、宣伝などを担当している人もいる。本部を経由して注文された商品は、メーカーや問屋から配送センターに集められ、そこで小分けされて各お店に届く仕組みになっている。スーパーやコンビニの棚に商品が並ぶまで、大勢の人が連携して働いているのだ。

　みなさんも知っているように、日本は高齢社会を迎え、お年寄りだけの世帯が増えてきた。そこでスーパーもコンビニも、お年寄り向けの商品をそろえたり、お店に通えない人のために宅配サービスを始めるなど、地域社会の変化に合わせてサービス内容を変えている。

　スーパーの少ない地域にあるコンビニのなかには、野菜など生鮮食料品を置くお店もある。ひと口に「スーパー」「コンビニ」と言っても、地域によって、またそのお店の方針によって品ぞろえもサービスもさまざまだ。

┃ さあ、スーパーとコンビニ見学に行こう！

　さて、では実際にスーパーとコンビニを見学してみよう。中学生の山田くんと金子さんが訪ねるペンギンストアとフクロウストアは架空のお店だが、チェーン展開しているスーパーとコンビニの仕組みが見学記でわかっていただけると思う。

　また各チャプターの後半にあるインタビューページでは、実際にスーパーとコンビニで働いている人に、仕事の内容や楽しさ、大変な点などを語ってもらった。お店の周辺で暮らす人や働く人の「役に立っている」という実感と仕事のやりがいで、一人ひとりの表情は輝いていた。この本でスーパーとコンビニが、みなさんにとってより一層身近な存在になることだろう。

Chapter 2

スーパーマーケットの
売り場では
どんな人が
働いているの？

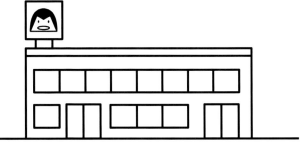

売り場の仕事を Check!

毎日、おいしい食事ができるのも
お店で新鮮(しんせん)な野菜など
生鮮(せいせん)食料品が買えてこそ。
売り場ではどんな人たちが
働いているのかな？

取材協力：サミット株式会社

　スーパーマーケット「ペンギンストア」の見学にやってきた山田くんと金子さん。約束(やくそく)通り朝の9時に行くと、店の前で店長さんが出迎(でむか)えてくれた。

＊　　＊　　＊

｜商品は1日何度もトラックで運ばれてくる

店長「お店の開店は10時からだけれど、今日は特別に開店準備のようすも見てもらおうと思って、2人に早く来てもらったんですよ」

山田くん「あっ、もうお店に人がいますね。開店の1時間も前から働いているんだ」

店長「そう。売り場の棚を確認して商品を補充したり、通路に物が落ちていないか確かめたり、念入りに準備してお客さまをお迎えしているんです。商品を乗せたトラックの第1便が8時ごろにやってくるので、その時間から働いている人もいますよ」

金子さん「朝8時が第1便ということは、1日に何回もトラックが来るんですか?」

店長「その通り。ペンギンストアはこの市内やとなりの市に何軒もあるのは知っているかな?」

山田くん「はい。そういうの、チェーンストアっていうんですよね」

店長「よく知っているね。**お店のほかに配送センターがあって、各お店からの注文品は一度配送センターに届いたあと、1日4回お店に運ばれ**てきます。午前と午後の便では荷物の中身も違うんですよ。朝とお昼に運ばれてくるのは主にデイリー商品と呼ばれる牛乳とかお豆腐類、アイスクリームなど冷蔵食品や冷凍食品。あとの2回はカップラーメンなどの常温で保存できるドライ商品とかお味噌、お醤油などの加工食品、台所用の洗剤など家庭用品といわれる商品。その4便のほかに、野菜と魚がそれぞれの市場から直接運ばれてくるんだ」

金子さん「全部で6回も! いや、たった6回でお店の棚が全部埋ま

商品は配送センターからお店へ

配送センター

午後はドライ商品 家庭用品 など

午前はデイリー商品 など

ペンギンストア

売り場を イラストで見てみよう

精肉売り場

精肉部門スタッフ

鮮魚売り場

鮮魚部門スタッフ

青果売り場

青果部門スタッフ

SALE

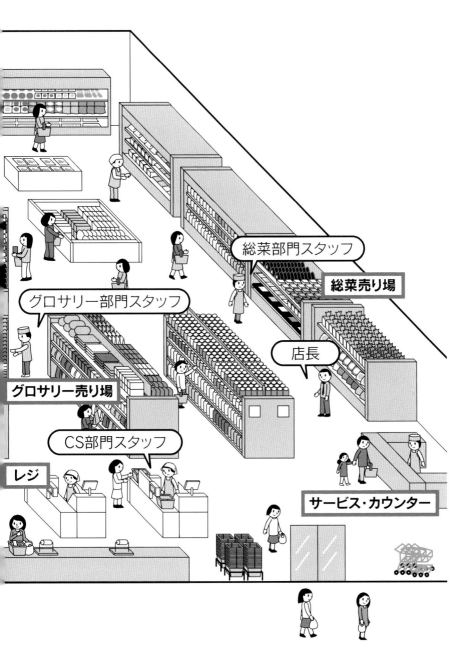

総菜部門スタッフ

総菜売り場

グロサリー部門スタッフ

店長

グロサリー売り場

CS部門スタッフ

レジ

サービス・カウンター

21

ると考えると、それも感動的です」

店長「**商品の種類で言うと、この店にあるのは 8000 種類**ぐらい。もっと大きなスーパーになると、衣料品や園芸用品などを扱ったりしているし、全部で 1 万種類以上の商品を置いているところもありますよ」

山田くん「すご〜い!」

店長「スーパーは町の人の暮らしを支えるお店だから、できるだけたくさんの商品をそろえるようにしているんです。商品はほとんどが食品なので、その季節のいちばんおいしいものを新鮮な状態で置くことも大切にしています。今の季節で言えば、ほら、入り口の棚で青果コーナーの店員が桃を並べているでしょ。今週から桃が入り始めたんですよ」

▌青果売り場はスーパーの「顔」

金子さん「私が知っているスーパーはみんな入り口に近いところに果物や野菜を並べていますが、何か理由があるんですか?」

青果コーナー店員「よく気がついてくれたね!　もちろんそれには理由があります。新鮮な果物や野菜は色も香りもすごくいいんです。だからお店の入り口近くに並べると、『いい香りがするな』

スーパーの商品は約8000種類

レトルト食品

ここが大切！ スーパーの歴史

　スーパーは、1916 年にアメリカ合衆国で誕生した。それまでのように専門店を一軒一軒回って買い物をしなくても、ひとつのお店ですべての買い物ができるスーパーは評判をよび、しだいに数が増えていった。

　日本のスーパー第 1 号店は、1952 年に大阪で生まれた。その後 1950 年代から 1960 年代にかけて紀ノ国屋、西友、ダイエー、イトーヨーカドー、サミットなど続々と誕生し、チェーン・ストア化していった。1970 年代以降は、コンピュータや流通システムの発達で情報管理や仕入れ方法が格段に進化している。2011 年度の統計によると、日本のスーパーの総数は 3 万 7900 店以上。今や私たちの生活に欠かせない大事な場所だ。

とか『この店は新鮮なものを置いているな』とお客さまが感じてくれて、お店のイメージがぐんとよくなる。**青果売り場は『スーパーの顔』**だと僕は思っています」

山田くん「お店の青果担当の人は、果物や野菜の仕入れにも行くんですか？」

青果コーナー店員「いや、仕入れは本部に所属している『青果バイヤ

青果売り場は『スーパーの顔』

ー』と呼ばれる仕入れ担当者の仕事。青果バイヤーは毎日青果市場に行っているので、店にいる青果部門のチーフは、**電話やパソコンでバイヤーと連絡をとり合いながら注文していくんですよ**」

金子さん「キャベツとか白菜とか、大きな野菜は半分に切って売られていたりしますよね。あれは、最初からそういう形で仕入れているんですか？」

青果コーナー店員「あれはね、『バックヤード』と呼ばれる裏の作業場で、僕たちが切っているんだ。タマネギやジャガイモなんかを袋に詰めたりもしていますよ。バックヤードでは、青果部門だけじゃなく鮮魚、精肉、お弁当・お総菜（ご飯のおかず）担当のスタッフもいろいろな作業をしているので、あとでぜひ見に行ってね」

山田くん「はい。スーパーで働く人たちは、全員売り場とバックヤードを行ったり来たりしているんですか？」

青果コーナー店員「バックヤードだけで働くアルバイトやパートの人もいるけれど、僕たちは両方が仕事場なんだ。どの商品がどのくらい売れているか売り場で確かめて、どんどん補充していかなくちゃいけない。特に午後の４時から６時ごろまでは夕飯の材料を買いに来るお客さまが多いので、お店と裏を何度も行ったり来たりしながら忙しく働いていま

仕入れはバイヤーと相談

す」

レジにはさまざまな情報が蓄えられていく

金子さん「あっ、レジのまわりに人が集まってきて、何か話し合っていますね」

店長「各部門ごとに朝礼があるんですよ。レジ係はお客さまと直接ふれあうので、毎朝の朝礼で『いらっしゃいませ』『ありがとうございました』『5000円をお預かりします』など、お客さまにかける言葉を声に出して練習しています」

山田くん「レジカウンターの上にも機器があるし、カウンターの中にも形が違う機器があるけれど、2台ともレジの機器なんですか？」

レジ係「そう。私たちのチェーンでは、『ＰＯＳ』※というシステムを入れているんです。**カウンターの中にある機器がＰＯＳレジで、カウンターの上にあるのはレジスキャナー**。スキャナーってわかりますか？」

金子さん「はい、わかります！　バーコードで書かれた値段を読み取る機器ですよね」

※　POS：Point of Sales の略。商品の売り上げを単品単位で集計・管理する。

カウンターの『POS』システム

スキャナー

POSレジ →

ピッ

山田くん「あっ、それなら僕も知ってるけれど、ほかのお店で見たスキャナーは手に持つタイプでもっと小さかったな」

レジ係「山田くんの言う通り小型のスキャナーもありますが、ここにあるのはその大型版です」

山田くん「一瞬で読み取れちゃうのはどういう仕組みなんですか？」

レジ係「ペンギンストアで使っている大型スキャナーは、レーザー光線を当ててバーコードを読み取っているんです。スキャナーが読んだ情報はＰＯＳレジに登録されるんですが、商品の名前や値段だけでなく、そのときの時間なども登録されます。その情報を集めると、**１日に何がどのくらい売れたのかすぐわかるし、時間帯ごとにどんなものがよく売れるかというような分析もできる**という仕組みです」

金子さん「単にお会計をするための機器じゃなく、情報を管理したり、仕入れのヒントにもなったりする、ということですか？」

レジ係「そう、本部のコンピュータともつながっているＰＯＳレジは、すごく役に立つ機器なんです」

山田くん「僕の母が子どものころのスーパーでは、レジ係の人が直接キーボードに値段を打ち込んでいたって聞きました。今はものすごく進歩しているんですね」

ＰＯＳレジで売れ行きを分析

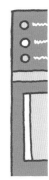

コラム スーパーのシフトとは

　大きなスーパーの店舗では、スーパーマーケット会社の正社員よりパートやアルバイト社員の数が圧倒的に多い。朝9時あるいは10時から夜遅くまで開店しているお店が多いので、シフト制といって正社員、パート、アルバイトが時間制で交代しながら運営している。

　パートやアルバイトの人は、決まった曜日しか出勤できなかったり、毎日3〜4時間しか働けないなど人によって働き方がさまざまだ。そのため、多くの人を雇わなければならないし、シフトづくりも複雑になる。

　シフトの管理は、一般に青果売り場、鮮魚売り場など各部門の責任者が行う。スタッフ全員が気持ちをひとつにして働くために、公平で効率のよいシフトづくりが欠かせない。

レジ係「確かに注文品の配送システムにしてもレジの機器にしても、どんどん進化しています。でも、私たちレジ係には絶対に変えてはいけないことがあるんです。それはお客さまへの対応。**明るく、笑顔で、親切に、の3つが合言葉**です。いい商品が安く売られていても、レジ係の感じが悪かったら『もうこのお店には来たくないな』と思う人もいるかもしれない。だからどんなに時代が変わっても、お客さまとのふれあいは

27

大事にしているんです」

金子さん「でも1日中ずっと立っているお仕事で疲れませんか？」

レジ係「疲れないように交代しながら仕事しています。それとレジだけじゃなく、サービスカウンターでお客さまの質問に答えたり、店内放送をするのも私たちの仕事なんですよ。さあ、今日も開店時間が来たので、入り口でお客さまをお迎えしなくちゃ」

金子さん「へえ〜、開店時間にお店へ入ると、レジ係の人たちが出迎えてくれるんですね」

┃ 店長はお店の現場監督

山田くん「ところで、店長さんはどんな仕事をしているんですか？」

店長「そういえば、まだ僕の仕事を説明していなかったね。スーパーの店長は、**ひと言で言えばお店全体を見守るのが仕事**。奥に店長室もあるけれど、そこにいるより売り場やバックヤードを見回っていることがずっと多いですね。忙しくて人手が足りない部門があったらそこのお手伝いをするので、夕方はレジカウンターに入ることもあるよ。本部からの連絡事項を店のスタッフに伝えたり、売り上げ目標を達成できるよう各

部門のチーフといろいろな作戦を練ったりもしています」

金子さん「作戦というのは、特売セールとかイベントとか?」

店長「そうそう。ひな祭りとか季節の行事に関連して行うイベントは各店共通だけれど、『うちの店ではひな祭りコーナーにこんな飾りつけをしよう』などと考えていく。金子さんと山田くんが通う中学校の行事も調べて、運動会の前日にはお弁当の材料を多くそろえたりもしているんだよ」

山田くん「ただたくさんの商品を並べるだけじゃなく、お客さまたちが今何を買いたいと思っているか、ちゃんと調査したり考えたりしてくれているんですね」

店長「この店では、近くに住んでいる主婦の人や高校生もパートやアルバイト社員として働いているので、その人たちの話を聞くことも大事な仕事。みんな店の従業員でありながらお客さまでもあるので、貴重な意見を聞かせてくれるからね。**どうすればお客さまがもっと喜んでくれるか、それを考えていくことが売り上げにつながる**んです。さあ、つぎはバックヤードを案内しましょうね」

お客さまの満足で売り上げアップ

ほしかったー!

大成功

働いている人に Interview! ①

▶青果部門スタッフ

新鮮な野菜や果物を仕入れ、
彩りなども考慮しながら
店舗の入り口付近に並べて売る仕事。

田中邦夫さん

学生時代、サミットでア
ルバイトしたのがきっか
けで、2005年に入社。店
舗研修を経て、青果部門
に配属される。子どもの
ころは野菜嫌いだったが、
中学時代に野菜好きにな
り、青果部門を希望した。
2008年からチーフを務め
ている。

青果部門スタッフってどんな仕事？

　毎日青果市場に出かける本部のバイヤー（仕入れ担当者）と連絡をとりながら、野菜や果物を注文し、店頭で販売する。季節ごとに商品が変わる野菜や果物は、どのスーパーでも入り口付近で売られる「スーパーの顔」。青果売り場の印象がそのまま店の印象にもなるので、季節感や彩りを大事にして並べる。

青果売り場でお店のイメージが決まる

　スーパーの青果部門では野菜と果物、お店によっては花も扱っています。野菜は毎日の食卓に欠かせない食材です。それに、季節によって採れるものが違いますよね。果物もそう。だからほとんどのお店では、青果売り場をお店の入り口近くに置いているのです。

　お店に入ってすぐ、「掘りたてのタケノコ」や「その年最初に見るスイカ」などが並んでいれば、そのお店のイメージはぐんと上がります。つまり青果売り場はそのお店を象徴する場所でもあり、「スーパーの顔」とも呼ばれているのです。

　僕たちのお店も、もちろん入り口付近に青果売り場があります。扱う商品はだいたい 500 品目ぐらい。野菜や果物って、新しい品種もつぎつぎ登場しますし、ものすごく種類が豊富なんです。

　それをどう並べるかを考えるのは僕の仕事であり、楽しみのひとつでもあります。全体的な棚の並べ方は本部から指示がありますが、細かいところは各部門のチーフに任されているのです。

　野菜や果物は色もきれいですよね。それをより美しく見えるように並べるのが、チーフの腕の見せどころ。外資系のスーパーはカラーコントロールがすごくうまいので、そういうお店を見学に行ったりして勉強しました。たとえばキュウリ、キャベツ、ブロッコリーなど緑色の野菜を並べるとき、あいだに色の白いものをはさむと緑がより鮮やかに見えるんですよ。

　新鮮な野菜はつやつや光っていて、本当にきれいだと思います。きれいなものは絶対においしいので、ぜひ新鮮な野菜を食べてください。

　もしかしたら、みなさんのなかに「野菜は嫌い」という人もいるかもしれませんね。実は僕も子どものころは野菜が苦手でしたが、中学生のとき急に野菜が大好きになりました。だからスーパーに就職したときも、迷わず「青果売り場」を希望したんです。

売れるチャンスを逃さない

　チーフの仕事は、大きく分けると売り場・作業場の管理と、商品の発注、青果部門で働く社員の管理や指導です。開店前に品物を売り場に並べ、その後も売れているものを棚に補充したり、値札や POP（→ 78 ページ）がちゃんとついているか確かめたり、売り場と裏の作業場を行ったり来たりしています。

　バックヤードと呼ばれる店の裏側では、1 日中作業が途切れることがありません。入荷した品物を箱から出して野菜専用の冷蔵庫に入れたり、売り場に出すために切ったり、小分けにして包装したり、品物をいい状

商品の陳列は大切です

態で売り場に出すため、アルバイト
やパート社員を含めて12人のスタ
ッフがフル回転しています。

　その日に何が売れるかは、お天気
や気温によっても変わります。テレ
ビ番組で取り上げられた野菜を買い
に来るお客さまも多いですね。

　スーパーは長い時間お店を開けて
いますが、特にお客さまが多い時間
帯は、午前11時前後と夕方の4時
から6時ぐらい。昼食と夕食の材料
を買いに来る人が集中するからです。
この時間には売り場の品物が切れな
いよう、毎日気をつけています。

　曜日によっても売れるものが違う
んですよ。平日はカットした少量の
野菜がよく売れるのに対し、土日は

▶ 青果部門スタッフのある1日 ◀

7時30分	出勤。当日の相場に合わせて値札を変える。
8時	売り場のチェックと品出し。
9時	市場にいるバイヤーと電話で相談しながら第1回目の発注。
9時30分	お店の全体ミーティング。朝礼。
10時	開店。
10時10分	午前中に届いた商品を仕分け。パート社員に作業を指示。
11時	店長、副店長、各部門のチーフとミーティング。
12時	お店のお弁当を買って昼食。
13時	青果部門のミーティング。
14時30分	2回目の発注。
15時30分	夕方のピーク時に備えて品出し。
16時30分	夕方以降残る社員に補充指示。
17時	仕事終了。帰宅。

野菜の鮮度チェックは重要な仕事

キャベツや白菜など重い野菜がたくさん売れます。土日は車で買いものにくる人が多いからです。

　今日は何をどうやって売り場に出せばより多く売れるか。毎日多方面から情報を集め、実際に店頭でお客さまの動きを見ながら、ひとつでも多く売るチャンスを逃_{のが}さないようにするのがチーフの役割です。

自分が買いたい品物を置く

　僕_{ぼく}たちのお店に並_{なら}ぶ野菜や果物_{くだもの}は、青果市場からやってきます。毎朝青果市場に行く本部のバイヤーを通じて注文するシステムです。

　発注は1日2回。まず朝9時にバイヤーと連絡_{れんらく}をとり、旬_{しゅん}のものや特別安いものを注文し、その日の午後に届く便に乗せてもらいます。午後の注文は、お店での売れ行きや在庫を確認しながら、専用の機器に発注する品物を打ち込_こんでいきます。僕たちのお店では、糖度を高めたチェリートマトやめずらしい柑橘類_{かんきつ}など、ほかのスーパーではあまり扱_{あつか}っていないものを多く入れているんですよ。

　チーフになりたてのころは、あれこれ悩_{なや}んで午後の注文に3時間もか

白菜をカットして
ラップをかけます

かっていましたが、今は1時間ほどで注文できるようになりました。

でも、ここまでくるあいだに、大失敗したこともあるんです。大量に注文したソラマメがほとんど売れず、残ってしまった。「なぜこんなにたくさん発注したのか」とバイヤーに聞かれ「なんとなく売れそうな気がした」と答えたら、ものすごく怒られました。

あたりまえですよね。チーフ経験も浅かった僕が、なんの根拠もなく自分の勘だけで注文してしまったのですから。結局バイヤーの許可をもらって半額で売り、なんとかすべて売り切りました。

今から考えると、あの失敗から学んだことは大きかったですね。あの日以来チーフの役割を痛感して、売り上げデータを調べたり、置く場所と売り上げの関係を研究するようになりましたから。

僕たちのチェーン店では毎朝本部から各店舗の売り上げ順位が品物ごとにデータで送られてきます。それで1位をとったときは最高の気分。でも、僕一人の力ではないんです。先輩にも恵まれましたし、いっしょに働いてくれる仲間たちや、売り場で言葉を交わすお客さまたちにも助けられてここまでこられたと思っています。

青果部門スタッフになるには

どんな学校に行けばいいの？

青果部門のスタッフになるために、特別な学校へ行く必要はない。スーパーの応募規定はその企業によって違う。店舗の配属先は一般に本人の希望が優先され、店舗を移しても配属先は変わらない。青果部門に限らず、スタッフ、チーフ、副店長、店長へと昇格の道が開けているほか、本部への異動も可能だ。

どんなところで働くの？

職場は店舗の青果売り場とバックヤードの作業場。売り場では棚を整理したり、葉っぱなどが落ちていないか気を配る。作業場では、仕入れた商品を冷蔵庫で管理したり、白菜など大きな野菜を半分に切ったり、パック、値札つけなどの仕事を行う。売り場と作業場を往復して、新鮮なものをきれいに並べて売り切る。

働いている人に *Interview!* ②

CS部門スタッフ

スーパーのレジ、
サービス・カウンターで
お客さまと接する仕事。

戸矢有加里さん
（とやゆかり）

高校時代のアルバイトが
きっかけで、高校を卒業
後の 2005 年にサミッ
トへ入社。研修後はアル
バイト時代と同じレジ係
を希望し、その部門一筋。
昨年からチーフとして、
パートやアルバイトを含
む大勢のスタッフをまと
めている。「常に笑顔」
の接客を心がけている。

▶ CS部門スタッフってどんな仕事？

　スーパーでは、レジのことをCS（チェック・スタンド）と呼ぶ。CS部門では、レジで会計をする仕事と、サービス・カウンターで接客する仕事を行う。お客さまと直接ふれあう仕事なので、聞かれたことは何でも答えられるように商品の勉強をしたり、常に笑顔で明るく応対する接客術が求められる。

▌高校時代のアルバイトが入社のきっかけ

　高校時代、今勤めている会社のお店でアルバイトをしたのがきっかけで、迷うことなく卒業後の進路を決めました。アルバイト時代はレジを担当していましたが、レジ係の女性チーフの仕事ぶりがかっこよくて、あこがれたのが決め手です。あこがれの先輩は、仕事はてきぱきとこなすし、スタッフを管理する能力がすばらしい。アルバイトの私たちにも接客のマナーなど、基礎からきちんと教えてくれました。仕事には厳しい面もありましたが、休憩時間にはおもしろい話で笑わせてくれるすてきな先輩です。

　実は私たちの会社には、私と同じように学生時代のアルバイトがきっかけで入社した人がたくさんいます。入社したあともいい先輩にたくさん出会いましたし、明るくて働きやすい職場です。

　新入社員はお店の各部門でひと通り研修したあとに配属先が決まりますが、希望はたいてい叶います。私はもちろんレジ係を希望して、それ以来ずっと同じ部門で働いてきました。スーパーの仕事は、数年ごとに働くお店が変わる「異動」がありますが、職種は基本的に変わりません。本部への異動でない限り、レジならレジ、鮮魚売り場なら鮮魚売り場でその部門のプロとして実力をつけていくのです。

　正確に言うと、私たちの部門は「レジ」ではなく「CS」部門といいます。CSとはチェック・スタンドの略。ふだん「レジ」と呼んでいるところは、正式にはチェック・スタンドという名称なのです。

サービス・カウンターでお客さまに対応する

　今年で入社６年目を迎えましたが、２年前にチーフになりました。つまり、高校時代にあこがれた先輩と同じ立場になったわけですが、まだ新米チーフですから、先輩のようにうまくスタッフを管理できません。でも、一歩ずつでも理想のチーフ像に近づいていきたいですね。

　では、毎日どんな仕事をしているのか、それをご説明しましょう。私たちが担当しているＣＳ部門の仕事には、レジでお買いものの集計をするだけではなく、サービス・カウンターでの仕事も含まれます。比較的大きなスーパーには、入り口近くにサービス・カウンターが設置されていますが、見たことはありますか？　ここではお客さまに売り場の案内をしたり、商品の包装をしたり、店内放送をしたり、さまざまな業務を行っています。

　残念ながら、お客さまからクレーム（苦情）をいただくこともあります。たとえば「店員の対応が不親切だった」「買った商品が傷んでいた」などの苦情も、まずサービス・カウンターでお聞きして、「申し訳ございません。今後二度とこういうことがないようにいたします」とお詫び

レジ打ちのときは金銭に間違いがないよう気を配ります

をします。それでもお客さまに納得していただけないときは、その部門のチーフを呼んで対応してもらったり、店長を呼んで対応してもらったこともありました。「どんな仕事にも必ずいやなことはある」と割り切って、ストレスをためないように努力しています。

　サービス・カウンターからお店の全体を見渡（みわた）して、混み具合を確認するのも大事な仕事です。私たちのお店にはレジが10台ありますが、常に全部を開けているわけではありません。お客さまの数によって、開けるレジの台数を変えているのです。その判断をして店内放送で指示していくのも私の重要な役目です。少し

▶ CS部門スタッフのある1日 ◀

9時30分	出勤。本部からの連絡事項を確認。
9時55分	レジの前でCS部門の朝礼。「いらっしゃいませ」「2500円ちょうだいします」など用語を復唱。
10時	開店。入り口でお客さまをお出迎え。そうじ。遅番のパートのために連絡事項をノートに書く。
10時30分	レジ袋などの発注作業。
12時	お店のお弁当を買って昼食。休憩室でパートの人と談話しながら食べる。
13時	サービス・カウンターで仕事。お客さまの応対をしながら、レジを何台開けるかなどの指示を出す。
16時30分	お店が混んできたのでレジに入る。
17時	夕方からのアルバイト社員が出勤。夕礼と全員で接客訓練を行う。
18時	業務終了。帰宅。

お客さまのカゴを運ぶお手伝いも重要なサービスのひとつ

でもタイミングが遅れれば、各レジにお客さまがたくさん並び、お待たせしてしまうことになりますから。店内がいちばん混むのは夕方5時過ぎから6時ぐらいまで。この時間は10台すべてのレジを開けて、私もレジに入ることが多いですね。

CS部門の担当者でお店の印象が決まる

　私たちのお店のCS部門は全部で35人。この人数で交代しながら、1日平均2500人のお客さまに対応していきます。レジやサービス・カウンターの担当者は、お店の中でお客さまとふれあう機会がいちばん多いので、私たちの対応が悪いとお店の評判を落としてしまいます。逆に言えば、私たちが笑顔でサービスに努めれば、お店の印象がぐっとよくなるはず。そう考えると責任の重さを実感します。

　スタッフの内訳は、昼間働く人は社員が6人、パートさんが12人、アルバイトさんが11人。あとの6人は深夜のパートとアルバイトさんです。お店は深夜12時までですが、私は朝から夕方までの勤務で閉店時はお店にいません。閉店後は夜の責任者の人がレジを閉めて、お金を

店内放送で呼び出しをします

金庫に入れてくれます。

　昼間いっしょに働くパートさんは主婦の方が多いので、みなさん私より年上。人生経験も私よりずっと豊富ですから、尊敬の気持ちをもって接するよう心がけています。ときには年上のパートさんに「お客さまから『卵が割れていた』というクレームがきたので、つぎからは気をつけてくださいね」などと言わなければなりません。そんなときも、上から叱りつけるような言葉にならないよう注意しています。

　今後重点的に学びたいことは接客ですね。私たちの会社では接客に限らずさまざまなセミナーや通信教育も行っているので、そのチャンスを活かしていろいろ勉強したいことがあります。

　接客でお手本にしたいのは東京ディズニーランドです。たまたま東京ディズニーランドの担当者がクレーム対応している場面を見たことがあるのですが、そのときも笑顔だったので感動しました。私たちも常に笑顔で親切な接客をして、「あのお店は店員さんが明るい」「親切な店員さんが多いね」と言われるお店にするのが私の夢です。

※「CS部門スタッフになるには」はインタビュー1（→35ページ）を参照してください。

作業スケジュール表を作成

働いている人に Interview! ③

店長

お店の責任者として、
店員が働きやすい環境を整え、
売り上げの向上をめざす。

おお か わら かずまさ
大河原一正さん

1994年サミット入社。
研修を経て都内の店舗の
鮮魚部門に配属される。
2000年1月に鮮魚部門
チーフ、同年7月に副店
長となる。この後、労働
組合の事務局長と委員長
を務め、2008年7月に
副店舗で店舗復帰。その
年12月に店長昇進。明
るく、気さくな店長だ。

店長ってどんな仕事？

　大型スーパーでは、社員のほかパート、アルバイトを合わせて 100 人以上が働いている。その頂点に立って、まとめていくのが店長の役割。お店では常に売り場とバックヤードのようすを見ながら、お客さまがどんな商品を好むか調査もして、売り上げを伸ばす工夫をしていく。

店長はお店の"演出家"

　私が勤めている会社は、東京とその近県で約 100 店のスーパーを経営しています。お店を出す場所を探し、そこにどんなお店をつくれば地域の人の役に立つか考え、お店の特色を決めていくのは本部の仕事です。

　そこから先が、私たち店長の出番。本部が立てた計画通りにお店を運営できるよう、従業員に指示を出していきます。ドラマにたとえて言えば、本部が「作者」、各店舗の店長は「演出家」という役割をするのです。

　現在私が任されているお店は、東京都武蔵野市にあります。2008 年にできた、まだ新しいお店です。

　開店当時、この近くにはすでに 2 軒のスーパーがありました。そこに通っているお客さまを私たちのお店に呼び込むためにはどうしたらいいか。新店舗を担当する店長は、まずこれを考えるのが大きな仕事になります。スーパーはどの町にもたいてい複数あるので、競争が激しい世界でもあるのです。

　チェーン展開しているスーパーには、地域ごとにいくつかのお店を統括して本部とお店をつなぐ「ブロックマネジャー」がいます。2010 年に私が武蔵野緑町の店長になったときも、ブロックマネジャーに相談しながら売り上げアップの「作戦」を考えていきました。

　たとえば私たちのお店はとびきり新鮮な魚や野菜を仕入れることには自信がありますが、新しいお店ですから競合店より安く売ることも大事です。そこでホウレンソウなど野菜類の価格を思い切って下げる作戦を

実行しました。

　スーパーは毎週のようにセールのチラシを配りますが、競合店が木曜日にセールをしているので、うちは水曜日にしたり、競合店には置いていないお総菜をたくさんそろえたのも作戦のうちです。

　もちろん競合店も私たちの動きを見て新しい作戦を立てますから、また私たちも別の方法でお客さまにより喜んでもらえるサービスを考えていきます。店長の仕事は、これのくり返しです。

店全体を明るくするムードメーカー

　私たちのお店はおよそ600坪〔つぼ〕。正方形にすると45メートル×45メートルぐらいの広さ、といえばわかりやすいでしょうか。

　従業員は総勢230人ですが、全員が同じ時間に働いているわけではありません。お店は朝10時から夜中の1時まで営業しているので、みんなで交代しながら働いているのです。

　店長の勤務時間は、朝8時半から夜7時半ぐらいまでと固定しています。毎日の仕事としては、本部との連絡〔れんらく〕や売り上げ確認などの事務作

鮮魚売場の担当者から今日の売れ行きを聞く

業と、お店内の巡回。机の前に座っている時間より、売り場や裏の作業場にいる時間のほうが圧倒的に長いですね。

売り場の商品がきちんと並んでいるか、魚や肉の鮮度が落ちていないか、作業場は清潔に保たれているか、などを1日何度も回ってチェックしていきます。その意味で店長は「現場監督」とも言えそうです。

巡回するときに心がけているのは、できる限り従業員に声をかけること。従業員は大勢いますから、本部からの指示やその日の連絡事項はチーフミーティングで各売り場のチーフに伝え、チーフからみんなに知らせてもらっています。でも、なる

	店長のある1日
9時	出勤。本部からの連絡事項やメールを確認。
9時30分	全体朝礼。そのあと開店に向けて店内見回り。商品の品質、並べ方、値札などをチェック。
10時	店内とバックヤードを巡回。
12時	各部門のチーフとミーティング。連絡事項を伝える。
13時	売り場で新発売のお弁当を買って、休憩室で昼食。社員やパート社員の話を聞く。
14時	報告書の作成や、昨日の売り上げを昨年の同日と比較するなど、事務作業。
15時	来週のチラシについて各部門のチーフと打ち合わせ。
15時30分	店内とバックヤードを巡回。気付いたことを担当者に伝える。
17時	各部門のチーフと夕方のミーティング。今日の売り上げ経過などを確認。
19時30分	チーフに明日の指示をして帰宅。

お客さまが手に取りやすいように商品を整理していく

べく私も従業員一人ひとりとコミュニケーションをとりたい、と思っているのです。

　実は 230 人のうち社員は 23 人、あとは近所に住む主婦や学生さんがパートタイム、あるいはアルバイトで働いて、お店を支えてくれています。社員でなくても担当部門に関する勉強や接客の仕方を研修した人たちですから、売り場のことやお客さまの意見など、彼らから教わることも多いです。

　私は「元気と明るさ」がとりえなので、それを従業員全員に広げるムードメーカーでありたいとも思っています。相手を信頼して一人ひとりと接することでチームワークが生まれ、店内に活気が出てくるはずです。そんな元気さが店中にあふれていれば、お客さまも気持ちよく買いものをしてくれますよね。

地域の人たちの食生活をサポートする

　ところで、スーパーの役割って、なんだと思いますか？　もちろん商売ですから利益を上げることが大きな目的ですが、買いものをしてくれ

サービス・カウンターで今日の売れ行きをチェック

るお客さまの生活を手助けするという役割も担っています。

　スーパーで扱っている商品の９割は食品ですから、安全で安心な商品を手ごろな価格で提供することで、地域に貢献できるのです。

　私がこの仕事を選んだのも、そこに魅力を感じたからでした。食生活にかかわる仕事で人とふれあえる仕事を探していた私にとって、スーパーは理想の職場です。

　お店にいないときでも、常にお店に役立つ情報を集めているぐらい、この仕事に熱中しています。たとえば家での食事、部下との飲み会、それにテレビや雑誌を見ているときにも、「あ、最近はこんな商品が流行しているんだ。今度私たちのお店に置いてみよう」などと、考えることがよくあります。実際、その商品をお店に置いて、お客さまから「これ、この前買ったらおいしかったよ」なんて言ってもらえると、最高にうれしいですね。

　スーパーの仕事は勤務時間や休日が不規則だったり、重い荷物を運んだり、けっこうきつい面もありますが、「地域の人の役に立っている」と直接実感できるので、すごくやりがいを感じています。

店長になるには

どんな学校に行けばいいの？

　店長になるために、特別な学校へ行く必要はない。スーパーの仕事は店舗と本部に大きく分かれるが、店長は長年店舗で働いた人のなかから抜擢されるケースが大半だ。売り場やバックヤードの管理能力のほか、店内でお客さまに商品説明をするなど、サービス面にもすぐれた資質をもつ人が店長にふさわしい。

どんなところで働くの？

　店長の仕事場はもちろんスーパーで、一般に売り場の裏側に店長室がある。店長室にはパソコンがあり、これを通じて本部から連絡を受けたり、報告書を送るなどの事務作業を行う。そのほかの時間は、常に店内とバックヤードを巡回して、社員の働きぶりを監督したり、お客さまへのサービスに努める。

Chapter 3

スーパーマーケットの
バックヤードでは
どんな人が
働いているの?

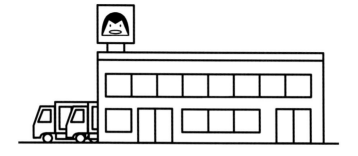

バックヤードの
仕事を

Check!

売り場には
たくさんの商品が並んでいるけれど
この品物はどこでどのように
保管されているのかな?
ふだんは見ることができない
スーパーマーケットの裏側に潜入だ!

　売り場の奥にある扉を開けて、バックヤードにやってきた。ふだんは入れない場所なので、山田くんも金子さんも興味津々。扉の奥には広めの廊下が続き、その壁際にはダンボール箱を積んだ小型のコンテナが一列に並んでいる。

＊　＊　＊

バックヤードはスーパーの倉庫＆台所

　山田くん「同じ大きさのコンテナに、ダンボール箱がきれいに収まっていますね」

　店長「仕入れる商品は、保管がしやすいよう配送センターで商品ごとに分けられ、同じ大きさのコンテナに積んで運ばれてき

ます。だからそのまま置いておくだけで保管できるんですよ」

金子さん「あっ、あのダンボールの箱に私の大好きなクッキーの名前が書いてある。売り場に商品がなくなったら、あそこから補充するんですね」

店長「そうです。冷蔵や冷凍が必要なものは、各部門の作業場にある冷蔵庫や冷凍庫に保管します。まず青果部門の作業場を案内しましょう」

山田くん「作業場って大きな作業台がいくつもあって、学校の調理室みたい。**野菜を切っている人もいるし、ラップをかけたり値段がついたバーコードを貼りつけている人もいる。**いろいろな仕事があるんですね」

青果コーナー店員「野菜は生で食べることもありますから、清潔さを保つことがとっても大事。作業室も作業する僕たちも、常に清潔にすることを心がけています」

金子さん「向こうにある扉は、野菜の冷蔵庫ですか?」

青果コーナー店員「そう、『蘇生庫』といって、野菜を新鮮な状態で保管しておくための部屋なんですよ。入ってみる?」

山田くん・金子さん「はいっ!」

青果コーナー店員「中は 10 度以下だからちょっと寒く感じるかな?蘇生庫は温度の管理だけじゃなく、湿度も 85 〜 95% と高めに設定して

いろいろな仕事があるバックヤード

51

バックヤードを
イラストで見てみよう

青果部

精肉部門

鮮魚部

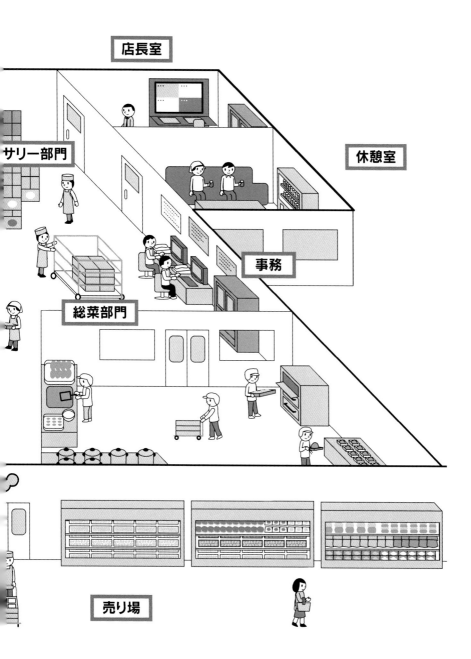

店長室

サリー部門

休憩室

事務

総菜部門

売り場

53

います。野菜も果物も、収穫して出荷されるときから冷蔵庫つきのトラックで運ばれたり、さまざまなところで鮮度を保つ工夫がされているんですよ」

金子さん「野菜や果物って、農家から私たちの家にやってくるまで、すごく大事にされているんですね」

青果コーナー店員「青果だけじゃなく、魚や肉も新鮮で清潔なままお客さまの家庭に届けるのが僕たちみんなの仕事なんです」

肉も魚も冷蔵庫や冷凍庫で鮮度を保ちながら保管

店長「つぎはマイナス 20 度の冷凍庫へ入ってみますか？」

山田くん「えっ、マイナス 20 度!? 中には何が入っているんだろう？」

金子さん「魚とか肉の保存場所じゃないかしら？」

店長「当たり。じゃあ鮮魚の作業場に移動しましょう」

山田くん「野菜と同じように、魚も丸ごと仕入れたものをバックヤードで切っているんですか？」

鮮魚コーナー店員「1 匹丸ごと売り場に出す魚もあるし、頭や内臓を取ったり、切り身や刺身にしたり、ここでさまざまに加

スーパーのサービス

　スーパーはひとつの地域に何店も出店していることが多く、競争が激しい。そのため、どのお店でもさまざまなサービスを取り入れて地域の人により多く貢献し、お客さまを増やそうと試みている。たとえばポイントカードを導入し、ポイントがある程度たまると値引きをする、あるいは商品券を提供するお店も多い。またネットでも商品を買えるようにしたり、店内で購入した商品をお客さまの家まで配送するサービスを行う店も増えてきた。ほかにもお客さまの希望に応じて魚の頭や内臓を取り除くなどの加工を行ったり、アイスクリームがとけない状態で家に持ち帰ってもらうため、保冷剤を無料でサービスするなど、スーパーのサービスは進化し続けている。

エして売り場に出しています」

金子さん「この前、魚を三枚におろすのを母から教わったんですが、難しくてなかなかうまくできませんでした。鮮魚売り場のみなさんは、魚を切るプロでもあるんですね」

鮮魚コーナー店員「鮮魚の担当者だけじゃなく、ペンギンストアの社員はみんな魚をさばけるんですよ。入社すると研修で全部門の仕事を体験

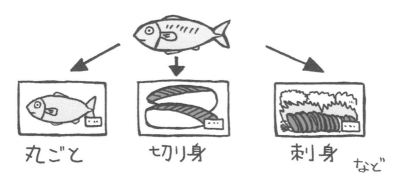

魚は加工して販売

丸ごと　　　切り身　　　刺身　　など

55

するので、魚だけじゃなく野菜や肉についても学びます。そのあと鮮魚部門の担当になったら、よりくわしく魚のことを勉強していくんです。たとえばイワシという魚ひとつ取り上げても、和風に調理したり、イタリアン、フレンチなどいろいろな調理方法があるでしょ。だから売り場でお客さまから『この魚はどうやって料理したらおいしいですか？』と聞かれたら、調理の仕方をいくつか提案できるようにしているんです」

山田くん「じゃあ、スーパーで働く人たちはみんなお料理が上手？」

鮮魚コーナー店員「全員じゃないかもしれないけれど、料理自慢の店員がたくさんいますよ。僕も鮮魚の担当になってから魚の料理はたくさん覚えたし、休みの日は僕が家で料理することもあります」

肉の加工も町の人の暮らしに合わせて

　ペンギンストアの作業場は、青果、鮮魚、精肉、総菜の４部屋に区切られている。広さはそれぞれ10畳ぐらいで、ガラス窓からとなりの作業場が見える仕組みだ。鮮魚部門のとなりにある精肉部門では、小柄な女性が肉のかたまりを切り分けている。肉好きの山田くんは、その作業を熱心に見ながら店長に聞いてみた。

女性の意見を大切に

客として店に来たときに…

フムフム

山田くん「お肉を切るのって力がいりそうだから、男の人がやっているイメージだったけど、女の人もいるんですね」

店長「スーパーでは、女性もいろいろな部署で活躍しています。主婦や子育て中の社員もたくさんいますよ。**スーパーのお客さまは女性が多いから、女性社員の意見を大事にしているんです**」

金子さん「今切っているのは豚肉ですよね」

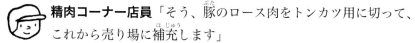精肉コーナー店員「そう、豚のロース肉をトンカツ用に切って、これから売り場に補充します」

山田くん「どの肉をどういう形に切って売るか、誰が決めるんですか？」

精肉コーナー店員「精肉コーナーのチーフが決めるんですが、これがけっこう楽しくも悩ましい仕事なんです」

山田くん「っていうことは、お姉さんがお肉部門のチーフ？」

精肉コーナー店員「はい、少し前にチーフになりました」

金子さん「悩ましいっていうのは、どのあたりなんですか？」

精肉コーナー店員「お肉は傷むのが早いから、切ったものはすぐ買ってほしいんです。だから**お客さまがどういうお肉料理を考えているか、季節やその日のお天気などから推測していきます**。これでときどき頭を悩ませていますが、大当たりするとすごくうれしくてね。たとえば今つく

お客さまが食べたい料理を推測する

ハンバーグ

ステーキ

唐揚げ

えーと…

ロールキャベツ

ギョーザ

っているトンカツ用のお肉がたくさん売れるのって、どんな季節かわかりますか？」

山田くん「いつだろう……。うちでは僕が少年野球の大会に行く前の日には『試合に勝ちますように』って母がトンカツをつくってくれるけど、そういう縁起をかつぐときとか？」

精肉コーナー店員「そう、それもあるわね。市内の競技場でサッカーとか野球の試合がある前の日にはトンカツ用のお肉がよく売れますよ。それと受験のシーズンにも」

金子さん「うちも姉が受験するとき、家族みんなでトンカツを食べました」

精肉コーナー店員「そのお肉、私が切ったものかもしれませんね。お買い上げありがとうございました！」

山田くん「お総菜売り場ではお肉料理も売っていますけど、あのお肉もここで切っているんですか？」

精肉コーナー店員「いいえ、お総菜部門ではその部門専門のバイヤーが仕入れているんですよ。お総菜売り場では1日中いろいろな調理をしているから、見に行ってみたら？」

スーパーの裏側には調理場もある

山田くん「あっ、のり巻きをつくる機器がある！　僕<ruby>僕<rt>ぼく</rt></ruby>がこの前買ったのり巻きは、こうやってつくられていたんですね」

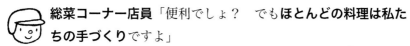

総菜コーナー店員「便利でしょ？　でも**ほとんどの料理は私たちの手づくり**ですよ」

金子さん「ほんとだ、つぎつぎ料理がつくられていますね。揚<ruby>揚<rt>あ</rt></ruby>げものや焼きものをする大きな機器もあるし、お鍋<ruby>鍋<rt>なべ</rt></ruby>もオーブンもうちにあるのよりずっと大型。ここで料理するのって楽しそう！」

総菜コーナー店員「楽しいですよ。今ちょうど焼きそばができあがったので、金子さんパック詰<ruby>詰<rt>づ</rt></ruby>めをやってみる？」

金子さん「やりたい！　でも全部同じ量にしたり、中身の具が均一になるよう詰めていくのって、けっこう難しそうですね」

総菜コーナー店員「そう。でも最初からそこに気がつくなんて、金子さんはセンスがいいですよ」

山田くん「メニューは総菜係の人たちみんなで考えるんですか？」

総菜コーナー店員「基本的には本部の人たちが考えますが、私たちもアイデアを伝えているんですよ。日本人は和食のほかに中華<ruby>中華<rt>ちゅうか</rt></ruby>とか洋食とか

メニューをどんどん変えてゆく

いろいろな料理を食べるでしょ。だから**お弁当の中身をそのとき流行し
ている料理に替えたり、毎週のように新メニューを考えていくんです**」

休憩室と事務スペースはみんなで共有

店長「２人とも作業場見学を楽しんでくれたみたいだね。じゃあ今度は
店長室に案内しよう」

金子さん「あれっ、店長室にはパソコンが何台もあるんですね」

店長「そう。僕の机のほか、３台の机を置いてそれぞれにパソコンを置
いているんだ。実はこの部屋、店長の僕だけが使うわけではなく、各部
門のチーフもここに来てパソコンで本部の連絡事項を確認したり、店か
ら情報を伝えたりしているんです」

山田くん「店長室のとなりにもドアがありましたけど、あそこは？」

店長「従業員の休憩室だよ。**同時に休憩をとると売り場に人がいなくな
りお客さまにご迷惑をかけてしまうから、交代で休憩をとっています**」

金子さん「ペンギンストアは夜11時まで開いていますよね。みなさん
休憩しながら朝から夜まで働いているんですか？」

店長「いやいや、それも交代していくんです。僕は毎朝９時前に出勤し

環境問題への取り組み

　最近は地球環境を守る取り組みも目立っている。多くのスーパーが実施しているのは、リサイクルボックスの設置だ。店で買った牛乳パックや飲みもののペットボトル、食品を入れたトレイ（容器）を回収して、別のものに再利用する。たとえば牛乳パックはトイレットペーパー、ペットボトルはプラスチックの繊維などに生まれ変わる。

　また、パックに食品を詰めること自体を減らしてバラ売りしたり、買いもの袋を持参するようお客さまに呼びかけて、お店のレジ袋使用を減らす試みも行われている。スーパーは生の食品を扱うため生ごみが出るのは避けられないが、それを家畜の餌や堆肥にする店も増えてきた。

ますが、夕方は6時とか7時で帰ります。売り場の社員は出勤時間をずらして交代しますが、遅番の人も夜は8時ぐらいで仕事を終えます。夜はナイトオペレーションチーフと呼ばれる人やアルバイト社員が働いて、最後はレジに入っているお金を金庫にしまってくれる。**大勢の人がいる職場なので、チームワークがとても大事**です。従業員たちと気持ちをひとつにしてお客さまを迎えるのも、店長の役割だと思っています」

働いている人に *Interview!* ④

鮮魚部門スタッフ

新鮮な魚介類を仕入れ、
調理方法も伝えながら
売っていく。

中野幸生さん
なか の ゆき お

2007年サミットに入社。
その前は別のスーパー
マーケットの鮮魚部門で
働いていた。魚が好きな
ので、この仕事を選んだ。
2010年からチーフ。毎
週行っているマグロの解
体ショーを通じて、子ど
もたちに日本の魚食文化
を伝えることにやりがい
を感じている。

▶ 鮮魚部門スタッフってどんな仕事？ ◀

　本部にいるバイヤー（仕入れ担当者）の報告を受けて、自分の店で売る魚介類を注文する。仕入れた魚は、店のバックヤード（売り場の奥）で切り身にしたり、内臓を取るなど加工をして売り場に出す。昔から魚を食べていた日本の食文化を守ると同時に、新しい調理法を広める工夫もして、魚の魅力を伝えていく。

伝統的な日本の食文化を守る

　まわりを海に囲まれた日本では、昔から漁業が盛んでした。魚は日本の食文化を代表する食材なのです。ところが、最近は魚離れが進み、魚を食べる量が少なくなっています。

　このまま伝統的な食文化が失われていくのは、すごく残念ですよね。僕が働いているスーパーでは、「もっとみんなに魚を食べてもらいたい」という思いを込めて、鮮魚売り場を大事にしています。子どもたちには魚の種類をたくさん覚えてほしいし、お母さんたちにはおいしい食べ方を提案していきたい。鮮魚スタッフ一同、そんな気持ちで働いているんです。

　売り場には丸ごと1匹の魚も置いていますし、裏の作業場で頭や内臓を取ったもの、切り身にしたもの、刺身や叩きにしたものなど、さまざまな形で魚を並べています。

　ここまでは、ほかのスーパーでもしていることですが、僕たちのお店では、売り場の中にガラス張りの「おさかなキッチンコーナー」を設けているんです。丸ごと1匹の魚を買うお客さんの要望に応じて、三枚におろしたり、内臓を取ったり、その場で魚を加工していきます。

　これは町にある魚屋さんと同じ売り方です。スーパーでは、大きな魚ははじめから切り身にしてパックに詰め、セルフサービスで売るのが一般的ですが、これでは店員とお客さまの会話もなくなってしまいますよね。うちはセルフサービスだけではなく、なるべくお客さまと会話をし

ながら販売する魚売り場をめざしているんです。

仕入れはバイヤーとの共同作業

　東京築地の魚市場と言えば全国的に有名だと思います。うちの店の魚
は、大半がそこからやってきます。注文するのは僕たちチーフの仕事で
すが、直接市場に行って魚を探すのは本部の鮮魚担当バイヤーです。
　僕の役目はバイヤーが選んでくれた魚のなかから、自分たちのお店で
売れそうなものを注文していくこと。だから仕入れに関しては、バイヤ
ーとチーフの共同作業のようなものですね。
　鮮魚担当のバイヤーは魚市場だけでなく、漁港にも買いつけに行って
います。季節によって旬の魚が獲れる場所が違うので、それを求めて北
海道から九州まで買いつけに行くのです。そこで新鮮な魚が見つかると、
お店では「産地直送」のフェアを開きます。
　こうしたフェアのほか、恒例のイベントも行っています。毎週日曜日
に行うマグロの解体実演販売。1本35キログラムぐらいのマグロを丸
ごとお店に運んで、僕たちがおろすところをお見せするんです。かなり

ブリをさばく。大きな魚も小さな魚も手際よく加工する

人気で、毎回子どもたちが「わ〜っ、大きい！」と喜んでくれます。これをきっかけに魚好きの子どもが増えてくれればうれしいですね。

ふだん鮮魚売り場に並べる商品は150種類ぐらい。この数字には貝類、海藻類、おでんの材料にするツミレのような魚の加工品も含まれますが、それにしてもたくさんあると思いませんか？　これもなるべく多くの魚を置いて、魚に親しんでもらいたいからです。

▌魚料理のメニューを提案

僕の経歴をお話しすると、ここで働く前に別のスーパーに勤めていま

▶ 鮮魚部門スタッフのある1日 ◀	
8時	出勤。昨日の売り上げや本部からの連絡事項の確認。10時の開店に備えて、冷凍の魚を解凍したり、市場から届いた魚を加工する指示を出す。
10時	明日、明後日の天候などを確認し魚を発注。裏で作業の指示。「おさかなキッチンコーナー」に入って、お客さまとふれあう。
12時	店の休憩所で昼食。
13時	売り場をチェックして、裏で行う作業の指示を出す。
15時	専用の機器を使って2回目の発注。
16時	「おさかなキッチンコーナー」で作業。「頭を取る」「三枚におろす」など注文に沿って加工。
17時	売り場の補充。指示出し。
18時	帰宅。

仕入れの発注作業

した。そのときも担当は鮮魚売り場。僕は魚が好きだったので最初から鮮魚売り場を希望したのですが、スーパーマーケット業界では、社員の希望はだいたい叶います。

　チーフになったのは半年前。社員2人、パートさん8人というスタッフを育てることも仕事に加わりました。パートさんの仕事も切ったり盛りつけたりといくつかに分かれていますので、誰に何をやってもらうか、段取りを組んで指示を出していきます。社員には発注やパートさんのシフトづくりなど、僕の仕事を一部手伝ってもらっています。

「自分が買いたくないものを売り場に出さないようにしよう」

　鮮魚売り場のスタッフには、いつもこう言っています。野菜や果物も同じですが、特に生き物の魚は「新鮮さ」が大事です。そのため冷蔵庫や作業場の温度や、売り場に出した魚の状態を常に確認しないとなりません。作業場の清潔さにも、いつも気を配っています。

　売り上げの目標は年間、月毎、日毎と計画されています。目標を達成するのは大変ですが、達成したときは気持ちのいいものです。チーフの僕一人がいくらがんばってもアイデアに限界があるので、スタッフ全員で「売り上げを伸ばす方法」を考えています。

ブリを刺身にしていく

　お客さまに評判がいいのは「試食宣伝販売コーナー」ですね。たとえばマグロをコチュジャン（唐辛子味噌）入り焼き肉のたれで和えたものを試食していただいて、その脇にマグロとたれを並べて置いたらすごく売れました。料理のつくり方を簡単に書いた「レシピ」もつけるので、喜ばれています。

　試食コーナーに出したもののなかには、僕が考えた料理もありました。粕漬けの赤身魚を煮る料理です。粕漬けの魚は焼いて食べるのがふつうですが、まわりの粕を取り除いて醬油と砂糖で煮て食べたらおいしかった。それでお客さまにも試食してもらったところ、おかげさまでこれもご好評をいただきました。

　チーフにもいろいろなタイプがいると思いますが、僕は売り場でお客さまとお話ししながら販売しているときが楽しいですね。お客さまのお話は仕入れや試食品のヒントにもなりますが、逆に「お客さまが考えてもいないような料理法をたくさん提案していきたい」とも思って、いつも新しい魚料理を考えています。

※「鮮魚部門スタッフになるには」はインタビュー1（→ 35 ページ）を参照してください。

ガラス張りの「おさかなキッチンコーナー」

働いている人に Interview! 5

総菜部門スタッフ

食事のおかずやお弁当など、
持ち帰ってすぐに食べられる調理品を
つくって販売する仕事。

佐藤妙子さん
（さ とうたえ こ）

高校卒業後、2005年に
サミット入社。研修を経
て、希望通り総菜部門に
配属される。配属後、総
菜に関することを学ぶ研
修に参加し、2010年か
らチーフ。何度か異動し
た後、現在は埼玉県内の
店舗で、18人に及ぶス
タッフの指揮をとってい
る。

◀ **総菜部門スタッフってどんな仕事?** ▶

スーパーによっては、あらかじめ工場でつくられたお総菜（ご飯のおかず）やお弁当を仕入れて販売だけ行う。このページの佐藤さんが勤めるスーパーでは、ある程度加工されたお総菜を取引先から仕入れ、店の裏にある調理場で完成させて販売している。

お母さんの手間を省くお手伝い

「お総菜」という言葉を、聞いたことがありますか？　家庭の中で使われる「おかず」と同じ。お米のご飯が主食だとすると、その副食に当たる調理品を指す言葉です。私の仕事場は、そのお総菜部門。昨年からチーフという立場で、18人のスタッフとともに働いています。

私たちの会社では、ご飯の「おかず」だけでなく、お弁当やお寿司も「お総菜」という扱いです。どの商品もできあがった状態で販売しているので、そのまま家に持って帰れば、お母さんにとっては昼食や夕食の支度をする手間が省けますよね。その意味で、お総菜売り場は忙しいお母さんたちをちょっと楽にする手助けもしているわけです。

種類も豊富で、お弁当だけでも20種類以上、全部で200種類以上あります。そのなかで「必須商品」と言われるものは、チェーン店すべてに必ず置く商品。そのほかの商品は、お店ごとにお総菜部門のチーフが選んで、発注する仕組みです。

お総菜のメニューを考えるのは、本部にいるバイヤーたち。といっても、お弁当、揚げ物、煮魚など、バイヤーも担当ごとに分かれ、業者の方たちといっしょに新しい商品を開発しています。新メニューの試食は月に1回。多い月には30種類もの新しいお総菜が発売されるんですよ。

小さい子どもがたくさんいる地域、お年寄りが多い地域、学生さんが多い地域など、お店の場所によって売れる商品が違いますから、チーフは自分のお店の特徴をつかんで発注していかなければなりません。

　私たちのお店にはお子さま連れのお客さまが多いので、ひな祭りなどの行事があるときは、売り上げアップのチャンス。「雛ちらしを去年よりたくさん売ろう!」と、スタッフみんなで張り切ってつくっています。

　ふだんお店に置いているお総菜は200種類ぐらい。広いお店なので、たくさん置けるんです。でも、ただ品数をそろえればいいというわけではありません。たとえば今日売っているお総菜の発注は前日にしますが、お天気や気温によっても売れる商品は変わるので、それを予測して毎日発注を変えていきます。

裏にある調理場でつくってお店に並べる

　お店は平日なら10時開店ですが、総菜部門の朝は8時半から始まります。本部に発注するお総菜のうち、完全にできあがってパックされてくるのはごく一部。大半は材料だけ届いたり、半分できた状態で届きますから、それを総菜部門のスタッフがお店の裏にある調理場で商品に仕上げて、お店の棚に並べます。

　たとえば、コロッケや餃子などは形ができた状態で届くので、私たち

常連のお客さまに今日のオススメを紹介

はそれを油で揚げたり焼いたりします。お弁当に入れるおかずもいくつかはできあがった形で届きますが、調理場で揚げたり焼いたりするものもありますので、その作業を行ったあと、最後に全部の具材を容器に盛りつけて完成。お寿司は材料だけが届くので、調理場で専用の機器を使って商品をつくっています。

　私自身はほとんど調理にはかかわりません。何をいくつつくるかの指示を出し、できあがった商品をお店に並べることをくり返しながら、1日中調理場とお店を行ったり来たりしています。

　そう言うと単純な仕事だと思われそうですね。でも、売れ行きを確認

▶ 総菜部門スタッフのある1日 ◀

8時	出勤。パート社員に指示を出してお総菜づくり開始。10時の開店前にお店に並べる。
10時	開店。値札やPOPなどのチェックをしながら品出し。
11時	何をいくつつくるか決め、調理を指示。完成品を店に出す。
13時	前日の売れ残り品の金額をパソコンに入力（廃棄処理）。
14時	売り場に残っているお弁当類に値引き札を貼る。
14時10分	昼食。お店のお弁当やお総菜を買って、休憩室で食べる。
15時	発注と品出し。
16時	仕入れた品のストック整理。食材に「使用期限」のシールを貼る。
17時	売り場をチェックしたあと、翌日のスケジュール表を作成して帰宅。

売り場でできたてのお総菜を並べながら、「できたて」と声を出してPR

しながら調理場に指示を出し、売れる商品を補充するのはなかなか大変です。その合間に残った商品を売り切るために値引きシールを貼ったり、明日のために発注もしなければなりません。毎日忙しいですが、売り場でお客さまに商品の説明をしたり、直接お客さまとふれあう時間を大切にしたいと考えています。

　調理場で誰にどの作業をしてもらうかは、各チーフの判断しだいです。私たちのお店では、焼く、揚げるなど一人ひとりに特定の作業をしてもらうのではなく、その日によって仕事を替えるようにしています。決まった人がいつも同じ作業をするほうが効率は上がるかもしれませんが、急にお休みをする人がいても、みんな何でもできるようにしておけばすぐに対応できると思って、この方法をとっています。

お客さまに求められる売り場をつくりたい

　午前11時から午後1時半。この時間は1回目のピークで、調理場は大忙し。お昼はお弁当がよく売れるので、お客さまの要望に応じて小サイズ、中サイズといろいろそろえてお店に出しています。つぎのピーク

佐藤さん「いち推し」のお総菜

はお母さんたちが夕食の買い物に来る夕方5時から6時ごろ。この時間帯は家族向けの商品が売れるので、大きなサイズのものを中心に出しています。

　週ごと、あるいはその日によって「いち推し」商品を決め、ＰＯＰ（→78ページ）をつけたりしてお客さまにおすすめしています。今日のいち推しは、国内産の豚レバーを使用したひとくちカツ。みんなでつくって力を入れた商品が「全店で売り上げ1位」になったりすると、すごくうれしいですね。特にお客さまに試食を出したりすると味を知ってもらえるので、さらに効果的です。

　でもチーフとしては特定の商品にこだわるだけでなく、全体の売り上げを伸ばすことも考えなければいけません。売れ残って値引きする商品や、期限切れで廃棄する商品を極力少なくすることも目標のひとつ。

　課題はまだたくさんあります。商品の並べ方やＰＯＰを工夫して、お客さまに「この売り場を見るだけでも楽しい」と思っていただけるお総菜売り場をめざしたいですね。

※「総菜部門スタッフになるには」はインタビュー1（→35ページ）を参照してください。

揚げ物を揚げるフライヤー

Chapter 4

スーパーマーケットを
支えるために
どんな人が
働いているの?

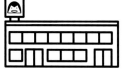

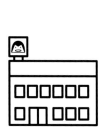

スーパーマーケットを支える仕事を

Check!

ここまで読んでくれたみんな。
スーパーの仕事はお店だけ、
と思ってないかな？
店舗の仕事はその一部。
ほかにも「本部」という機能が
あるんだ。

　ペンギンストアは、山田くんと金子さんが住んでいる市を中心に、近隣の都市で50軒のお店を開いている。その全体をまとめているのが「本部」と呼ばれる場所だ。ペンギンストア全体の運営方針や、各店舗の売り上げ目標などを決めるのも本部の役割だ。いわば本部はペンギンストアの司令塔。

　その中ではどんな人がどういう仕事をしているのだろう。お店と本部はどんなふうにつながっているのかな。

　山田くんと金子さんが、今日は本部見学にやってきた。受付で名乗ると、広報部の人が迎えに来てくれる。入館証を受け取って、さあ本部探検だ！

＊　　＊　　＊

店舗の売り場をアピールする販促物をつくる

広報部員「ようこそ。この前はお店を見学してくれたそうなので、今日はお店と関係が深い部署を主にご案内しますね」

金子さん「こういう案内は、いつも広報部の人が担当しているんですか?」

広報部員「はい、広報という字は『広く報せる』と書きますよね。その文字の通り、**僕たちの仕事はペンギンストアの良さをみなさんに広めることなんです**」

山田くん「じゃあ、新聞やテレビでペンギンストアが紹介されるときも、広報部の人が関係しているのですか?」

広報部員「そうそう、僕たち広報の社員が窓口になって、取材を進めてもらうんです」

金子さん「ときどき新聞といっしょにペンギンストアのチラシが届きますが、あれも広報部でつくっているんですか?」

広報部員「いえ、それは営業企画部という部署でつくっています。チラシの話が最初に出たので、まずは3階にある営業企画部に行ってみましょう」

ペンギンストアのアピールは重要な広報の仕事

テレビ　新聞　雑誌　ほかにインターネットも

　本部の３階はいくつものグループに分けられて机といすが並んでいるが、山田くんと金子さんの２人が案内されたのは、机の周囲に花の飾りものが置かれていたり、イラストやカラー文字入りの宣伝物が置かれている一角だ。

広報部員「ここが営業企画部ですよ」

山田くん「きれいなチラシやポスターがいろいろあって、楽しそうな雰囲気ですね」

営業企画部員「季節に合ったお店の飾りや、ＰＯＰと呼ばれる売り場を目立たせる小物をつくるのが私の仕事なので、楽しいですよ」

金子さん「ＰＯＰって、そこにある絵やきれいな文字が書いてあるポスターみたいなものですよね？」

営業企画部員「そうそう。お店の店員さんが独自に書くこともありますが、この部署でつくってパソコンで各店舗に送るものも多いんです」

山田くん「パソコンで送るってどうやるんですか？」

営業企画部員「印刷の基になるデータをつくってパソコンで送ると、お店でプリントできるというわけ」

山田くん「へえ〜、そんなこともできるんだ」

お店に商品が届くまで

　大手スーパーマーケットでは、注文した商品の多くがメーカーや生産地からではなく、配送センターから運び込まれる。お菓子や加工品などグロサリーと呼ばれる商品の大半は、メーカーから直接買わず仲介業者の問屋から買う。お店からパソコンで注文された商品は、問屋を通じて配送センターに送られ、ここで仕分けされてトラックでお店に運ばれる。商品の識別や賞味期限のチェックはすべて機械で行われている。魚や野菜などは卸売市場から運ばれるが、ここでは仲卸と呼ばれる業者が問屋の役目をしている。バイヤーは、メーカーのほか問屋、仲卸業者との取引で、より良質で安価な商品を仕入れているのだ。私たちがスーパーで買う品物は、このような仕組みでお店に届いている。

営業企画部員「そのほかこの部署には、**新しいお店をつくるときに周辺に住んでいる人を調査して**、『この地域は子どもが多いから、子ども用の品物をたくさん置く店にしよう』とか、『大学生とか若いサラリーマン、一人暮らしの人が多い地域だから、小さなパック詰めのお総菜やお弁当をたくさんそろえるお店にしよう』とか、**お店の経営方針を考える仕事**もあるんです」

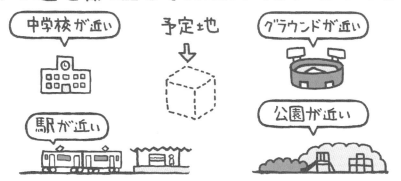

金子さん「アイデアをひねったり、地域を調査してお店づくりを考えたり、ほんとに楽しそう」

山田くん「うん。でも僕は、バイヤーという仕事に興味があるな。**お店に置く品物は、バイヤーさんが選ぶんですよね**」

広報部員「そう。じゃあバイヤーに会わせてあげましょう」

たくさんの商品から店舗に並べる品物を選ぶ

　２人が案内されたのは、２階にある広ーい部屋。そこには細長いテーブルや四角いテーブルといすが並び、いくつかのテーブルではたくさんの商品を前にして話し合っている人たちがいた。

山田くん「あれ、この部屋はまた雰囲気が違いますね」

広報部員「ここはいろいろな企業の商品担当者さんとバイヤーが商談するための場所なんです」

金子さん「バイヤーさんって、市場とかいろいろな製造会社に行って品物を選ぶんじゃないんですか？」

広報部員「そういうこともしますが、企業の人がいち推しの品物や新商品を持ってきてくれることも多いんです。たとえば向こうのテーブルを

商品のセレクトはバイヤーの仕事

何が売れる？　お客さまのほしいものは？

見てください。缶詰をテーブルにたくさん並べ始めたでしょ」

山田くん「あっ、ほんとだ。ここで試食もするんですか?」

バイヤー「もちろんしますよ。僕は飲料を担当しているので、缶やペットボトルの飲料ならほとんど全部味を知っています。仕入れる商品を決めるだけじゃなく、**ときにはメーカーさんと共同でお茶などを開発することもあるんですよ**」

山田くん「へえ〜、それがすごく売れたら最高ですね」

バイヤー「ほんとにそう。お茶を開発したのは僕の先輩だけれど、今もずっと売れ続けていますよ。僕もそういう商品を考えたいなと思っています。でも、その商品がお店で売れないと会社の損失になってしまうので、責任も重いんだよ」

お店をつくる仕事は情報収集が大事

金子さん「さっき新しいお店ができるときの話が出ましたけど、お店をつくる場所を選んだり、どんな建物にしようかということは、どこの部署でやっているんですか?」

広報部員「場所を探すのはサイト開発部、お店の設計をするのは店舗開

メーカーと共同で商品をつくることも

メーカーと

スーパーの
バイヤーとの
共同開発です!

お茶

ペンギン
オリジナル

発部というところです。その担当者にも会ってくださいね」

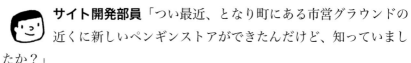 **サイト開発部員**「つい最近、となり町にある市営グラウンドの近くに新しいペンギンストアができたんだけど、知っていましたか？」

山田くん「知ってます！　植木や園芸用品とか日曜大工用品も置いている大きなお店ですよね。この前の日曜日、車で父とペンキを買いに行きました」

サイト開発部員「あのお店は、僕たちが土地を見つけたんですよ。あそこにあった工場が閉鎖すると聞いて、土地をもっている人に『ペンギンストアをつくりたいのでこの土地を貸してください』と頼みに行って許可をもらったんです」

金子さん「あ、そういえばあそこって、前は大きな工場でしたね」

サイト開発部員「そう。今は空いている土地が少ないので、『宅配便の配送センターが移転するので土地が空く』とか、『○○会社の所有する社宅が閉鎖して土地を売りに出すらしい』と**情報をいち早くつかんで、地主さんと交渉していくのが僕たちの仕事**なんだ。でも、ライバルのスーパーやほかの企業も常に土地を探しているから、競争は激しいよ」

店舗開発部員「サイト開発の人がいい場所を見つけてくれたら、つぎ

土地の地主さんと交渉してスーパーをつくっていく

フムフム…

地域の人に愛されるスーパーにします

は僕たちが引き継ぎます。市営グラウンド近くのお店は、店舗も広いけれど駐車場も広かったでしょ？」

山田くん「はい、すごく広かったです」

店舗開発部員「あそこは町の中心地から離れているし、市営グラウンド前のバス停からもちょっと遠いので、大きな駐車場をつくったんです。場所の問題だけじゃなく、さっき山田くんが言ったようにあの店は植木や日曜大工用品など大きい商品も売っているから、車で買いに来てくれるお客さまが多くなると思って」

金子さん「同じペンギンストアでも、それぞれ個性があるんですね。私はまだ2店しか行ったことがありませんが、ほかのお店も行ってみたくなりました」

広報部員「ぜひ、夏休みにでも近隣のペンギンストアをたずねてください」

山田くん「あっ、僕、夏休みの自由研究はそれにします！」

広報部員「いいアイデアですね。ペンギンストアだけでなく、今は多くのスーパーマーケットがトレイやペットボトルをリサイクルしたり、いろいろなエコ運動に取り組んでいますから、そんなこともぜひレポートしてくださいね」

働いている人に *Interview!* ⑥

営業企画部員

新しく開店する店の基本方針を立てたり、
店舗の営業日や営業時間を決め、
販売計画や宣伝企画を考える。

阿部優子さん

1997年サミット入社。
店舗研修の後、精肉部門
に配属され、2年半店舗
で働く。その後、本部の
営業企画部に異動。部内
のさまざまな仕事を経験
した後、2010年から販
売促進グループに所属。
産休をとったあと復帰し、
時間を短縮して働いてい
る。

営業企画部員ってどんな仕事？

　業界や企業ごとに内容は異なるが、このページに登場する阿部さんの会社では、お店の営業に関するあらゆることを決める。催事や行事にまつわる販売計画を立て、それに沿ってチラシやペナント、ポスターなどの販促物を制作するほか、店で流すＢＧＭなども制作する。

バレンタインデーなどの特売企画を考える

　私が所属している営業企画部は、店舗の営業にかかわる仕事をしています。たとえば新しく開店するお店の「方向性」を考えたり、休日や営業時間を決めたり、バレンタインやひな祭りなどの催事や行事に合わせた特売計画を立てて、その企画に合ったチラシやお店に飾る宣伝用の販促物をつくっています。店内で流すBGM（バックグラウンドミュージック）の選定やホームページづくりも営業企画部の仕事です。

　部内は大きく「販売促進グループ」と「営業企画グループ」の２つに分かれていますが、私がいるのは販売促進グループ。そのなかでも催事や行事の計画を立てることと、BGMを管理するのが私の役割です。

　ひとつ例をあげると、今年のバレンタインデーにはチョコにさまざまな飾りをつける「デコ・チョコ」の流行が予想されたので、各店舗対抗のコンテストを開催しました。お菓子売り場の担当者に自分たちで工夫してデコ・チョコをつくってもらい、いちばんよくできたデコ・チョコを本部で表彰しようという企画です。各店舗でつくられたデコ・チョコは、お客さまに対する「見本」としてお店のバレンタイン特設コーナーに展示しました。

　これが各店予想以上の出来栄え。パートさん、アルバイトさんの協力も得てみんながデコ・チョコづくりを大いに楽しみ、すばらしい作品をつくってくれたので、その結果大勢のお客さまが注目してくださり、チョコレートの売り上げアップにつながりました。

　私たち営業企画部のスタッフは、お客さまに少しでも興味をもってもらえるよう、常にお客さま目線に立って企画を考えていますが、その前に売り場を担当するスタッフにやる気をもってもらい、のってもらうことが大切です。

「こんな楽しい企画にかかわれてうれしい」

　お店のスタッフがそう思ってくれることで、私たちの企画は2倍にも3倍にも効果がふくらみます。その意味で、バレンタインデーのデコ・チョコ企画は大成功でした。

社内・社外、大勢の人との連携プレー

　営業企画部の仕事は、たくさんの人との連携プレーが要求されます。社内では商品を取り扱う部署、店舗の運営にかかわる部署だけでなく、店舗の設計をする部署、ＩＴを扱う部署など、ほぼすべての部署とつながっていると言っても過言ではありません。

　私が直接担当する仕事は全部の部署と関連しているわけではありませんが、いくつかの部署と常に連絡をとりながら進めています。特に店舗

デコ・チョコの特設コーナー

勤務の方たちとは綿密に連絡をとり合います。社内会議で通った企画を店舗の責任者にも見てもらい、意見を聞くことも大切なんです。そのため店舗にはよく足を運びますし、電話でもよく話をします。店舗で働くパートさん、アルバイトさんにアンケートをとることも多いですね。

　外部の企業との結びつきが大きいのも、私たちの仕事の特徴かもしれません。たとえば桜の枝をかたどった装飾品をつくることが決まると、広告代理店にそのデザインをしていただき、相談しながら実際の品物をつくっていくんです。広告代理店には、企画を立てる前の段階で市場調査をお願いすることもあります。

営業企画部員のある1日

10時	出社。取引先や店舗からのメールの確認と返信を行う。
11時	新しい販促物について、各店舗に配る案内文書の作成。
12時	昼食。
13時	バレンタインデーの企画について、取引先の広告代理店と打ち合わせ。
13時30分	BGM原稿や販促物の確認と校正作業。
14時	ひな祭りについての企画書を作成。
15時	新しく開店する店舗の「開店セール」の企画書を作成。
16時	退社。

※1歳の子どもがいる阿部さんは、時間を短縮して働いている。

販促物の打ち合わせ

　そのほか店内 BGM の制作では BGM 会社さんとかかわりますし、新聞に入れる折り込みチラシ制作では印刷会社さんのお世話になります。また企画には食品会社さんが協力してくださる場合も多いので、そちらとのかかわりも重要です。

　もし私たちの立てた企画が優れたものだったとしても、そこに多くの方がたの知恵や技術を足していかないと形にはなりません。人と人との結びつきを大切にしなければ成り立たない仕事なんです。

女性の視点や感性が求められる職場

　早いもので、この会社に入ってもう 14 年になります。10 代のころから料理をつくるのと食べることが大好きで、大学時代に小売店でアルバイトをしたことから、迷わずにこの仕事を選びました。

　入社後は全員がまず店舗で働くことになっているので、私も店舗で働いた経験があります。みずから仕入れたものを売っていくお店の仕事も楽しかったですが、今の職場もやりがいは大きいですね。グループ内の仲間たちと協力しながら練り上げた企画が通り、お店で展開しているの

阿部さんがつくった販促物

を見るときは、大きな充実感を感じます。

　最近の例では、ショウガの魅力をより多くの人に伝えるためにピンク色のペナントやパネルをつくって店内に置いてもらったら、「あれは店内でも目立って効果があった」と売り場の方たちに好評でした。すごくうれしかったですね。

　スーパーのお客さまは主婦の方が多いので、女性の視点や感性が役に立つ職場でもあります。実際、私たちの会社は女性がすごく多い。営業企画部にしても、全9人のうち4人が女性なんですよ。

　私自身、主婦であり、一児の母でもあるので、それを「強み」にしていければいいなと思っています。今は保育所に子どもを預けながら働いているので、朝10時から午後4時までと勤務時間を短縮してもらっているんです。子育てをしながら働ける環境を整えてもらっているのは、本当にありがたいと思います。できればずっとこの仕事にたずさわっていたいですね。

　食べることや人と接することが好きな女性のみなさん、ぜひスーパーマーケット業界で活躍してください。頼もしい後輩が入ってくるのを楽しみにしています。

営業企画部員になるには

どんな学校に行けばいいの？

　営業企画部員になるために、特別な学校に行く必要はない。一般に大手スーパーでは、店舗での経験を積んでから営業企画部など本部に配属される。外部の制作会社や広告代理店などとも連携して仕事を行うので、コミュニケーションがとれ、アイデアが豊富なことが営業企画部員の大事な条件だ。

どんなところで働くの？

　本部勤務だが、店舗の状況を把握したり、店長やチーフなどの意見も聞くため、お店にもよく行く。また、上にも書いたように外部の会社と連携したり、社内でもいろいろな部署と相談しながら進める企画も多いため、ただ机に座っているだけでなく、自分から積極的に行動していくことが大事だ。

働いている人に  Interview! ⑦

▶ バイヤー

メーカーや問屋さんを通じて
店舗に置く商品を選び、
買い付けを担当する仕事。

なかざと　ゆう
中里 雄さん

2000年サミット入社。
研修期間を経てグロサ
リー部門に配属。店舗に
4年半いて副店長を務め
ていたとき、バイヤー部
門に異動。ペットボトル
飲料などのバイヤーを担
当した後、2007年にお
菓子のバイヤーとなり、
「店単位で日本一売る」
目標を達成。

> ## ▶ バイヤーってどんな仕事？
>
> 　スーパーでは、鮮魚、精肉など部門ごとのバイヤーが店に置く商品を選び陳列場所を決める。店舗にいる各部門の責任者は、バイヤーの選んだ商品の販売方法を考え、品切れなく販売できるように発注する。いかによい商品を手ごろな値段で仕入れるか、すべてはバイヤーの腕にかかっている。

仕入れから販売戦略までを担当

　私が担当している「バイヤー」という職種は、商品を仕入れる仕事です。業界や企業によってバイヤーの役割は違いますが、私たちの会社では商品の仕入れだけでなく、それをどうやって売っていくかも考えます。つまり仕入れから販売の戦略を練るまでが私の役目です。

　スーパーで扱う商品は幅広いので、バイヤー部門もいくつかに分かれています。私が働いているのは「一般食品部」、そのなかで担当しているのは「お菓子」です。ひと口にお菓子といっても、大きなスーパーには4000種類ものお菓子が置いてあるんですよ。しかも、メーカー（お菓子会社）はつぎつぎ新商品を発売するので、お菓子コーナーも毎週のように商品の入れ替えをしています。

　仕入れからお店に置くまでの流れを、簡単に説明しましょう。仕入れは主にメーカーや、メーカーと小売店の仲立ちをする問屋から行います。お菓子を選ぶポイントは、まず味。「おいしい！」ことがいちばん大事です。つぎに大事なのは価格。いくらおいしくても値段が高いと売れません。もうひとつパッケージも大事。かわいい箱に入っていたり、きれいな包装紙に包まれていると、つい買いたくなりますよね。

　「これはおいしい」と思う商品が見つかると、それをお店の人たちにも試食してもらいます。「本当においしい。お客さんにぜひ勧めたい」。お店の人からこんな反応が返ってくれば、試食コーナーを設けたり、POP（→78ページ）をつけたり、チラシに載せたりして売っていきます。

　その商品をコーナーのどの高さにどのくらいの幅で置くか。それを指示するのもバイヤーの仕事です。上から下まである棚のうち、人の目線に近い位置がいちばん目立ちますから、たとえば大々的に売りたい商品はその位置に商品5個幅で並べてもらう。置き方で売れ行きも違ってきますから、細かいところまで考えて作戦を練らなければならないのです。

商談の日は1日中「お菓子を食べる」のが仕事

　メーカーとの商談日は、1カ月に3、4回あります。商談の日の仕事は、スナック菓子やチョコレートなど、ひたすらお菓子を食べること。お菓子好きのみなさんは「うらやましい」と思うかもしれませんが、実はこれが大変。多いときは1日20社くらいの方が、お菓子を持って私の会社にやってきます。1社平均5品を持ってくるとして、20社×5ですから、1日のうち100種類ぐらいの試食をしないとならないのです。いくらおいしいものでも1日中食べ続けていると、「別のものが食べたい」と思ってしまいます。

　でも、必ず全部食べます。それが私の仕事ですし、メーカーさんへの

メーカーからの売り込みの電話に対応

礼儀だからです。その代わり遅い順番のメーカーさんには、「ごめん、ずっと同じようなものを食べ続けたので、今は判断がつきません」など、正直に言うことにしています。「これはうちでは売れないな」と思った商品についても、「パッケージが開けにくい」とか「食べづらい」など、理由をはっきりと伝えていく。それがバイヤーとしての最低限のマナーだと思っています。

でも、失敗もありました。AKB48が出始めたころ、あるメーカーさんがAKB48のストラップをつけた商品をつくったんです。AKB48がヒットすると思わなかった私は「いりません」と注文を出さなかった。と

バイヤーのある1日

9時	出社。朝礼。
9時30分	業務開始。先週1週間の売り上げデータを昨年の同じ週のデータと比べて、何が良かったか、あるいは悪かったかを午前中いっぱいかけて分析。
12時	昼食休憩。
13時	一般食品部の部会。先週1週間のデータを報告し合い、たがいに検討しながら、今後の対策を立てる。
15時	メーカーが新発売のチョコレートやキャラメルを持参して来社。それを食べ続けて感想を述べる。
17時	上司と同業他社の店を視察。新商品の扱い、販促物、売り方をチェック。
19時	飲食店で上司と打ち合わせ。終了後帰宅。

商談のようす。たくさんの商品を手に取ります

ころがその直後にAKB48は大ブレークして、店舗から「なぜうちにはあの商品が入らないんですか？」と怒られてしまいました。

　私の判断ミスで、売れるチャンスを逃してしまったわけです。大いに反省しました。それ以来、流行しているもの、しそうなものは何か、綿密に調べるようになりました。スーパーはお子さんからお年寄りまで幅広い要求に応えていかなければいけないので、アニメから芸能界、スポーツ、テレビドラマ、映画までチェックして、流行を先取りした仕入れをすることを心がけています。

選んだ商品は自分の子どものようなもの

　店舗単位で「売り上げ日本一」の商品をつくりたい、というのが私の目標のひとつです。全店舗の総売り上げでは全国展開している大手のチェーン店にかないませんが、店単位なら勝負できます。実際、いくつかの商品は、私の会社の1店舗が「日本一の売り上げ」を達成しました。

　そうすると相乗効果が生まれ、ほかの店舗も「うちでももっと売ろう」と、活気が出てきます。店長になる人は「負けず嫌い」のがんばり屋が

中里さんセレクトの商品が売り場に並んでいく

多いので、いい意味で店長の競争意欲を刺激するのも私の役目かなと思っています。

　それと、昔からあるお菓子にスポットライトを当てて、私たちの店舗でリバイバルヒットさせる仕事もしています。たとえばあるメーカーのキャラメルは以前から売れ続けていますが、それを「爆発的に売りたい」と考え、コーナーをつくって全種類を並べたり、レジの横にも置いたら見事に当たりました。それまで1週間で100個の売り上げだったのが、1000個売れたんです。

　こんなふうに仕掛けが成功すると、お店のお菓子コーナー担当者の意欲向上にもつながりますし、メーカーとの信頼関係も深まります。もちろん私もすごくうれしい。自分が選んで仕入れたお菓子や、仕掛けをして売り込むお菓子は、私にとって子どものようなもの。売れると「子育て」が成功したような気持ちになれるんです。

　今後はお年寄りにも喜ばれる「和」のお菓子をもっと探して売っていきたい。これが今、目の前にある目標ですね。

※「バイヤーになるには」はインタビュー6（→89ページ）を参照してください。

ひな祭りのお菓子売り場

働いている人に Interview! ⑧

▶ サイト開発部員

新店舗を建てる場所を探し、
地主さんと交渉して、
土地や建物を借りる契約を結ぶ。

杉山正和さん
（すぎやままさかず）

1996年サミット入社。
研修を経て鮮魚部門へ配
属される。鮮魚部門の
チーフ時代、社内公募に
応じて、サイト開発部で
新店舗の用地開発にたず
さわる。その後、そのま
まサイト開発部門に移籍。
現在は神奈川県を中心に、
新しい店舗を出す場所を
探している。

サイト開発部員ってどんな仕事？

　新しいスーパーをつくるために、担当地域をくまなく歩いたり、地元の不動産屋さんなどから情報を得て土地や建物を探す。いい場所が見つかったら、土地や建物の所有者と交渉して、そこを借りる契約を結ぶ。大型スーパーを建てるにはさまざまな許可がいるので、不動産関連や法律の知識も必要だ。

新しいお店の土地を探す

　私たちのスーパーは、１年間に５〜７店舗ぐらいの割合で出店を続けています。その新店舗を建てる場所を開拓するのが私の仕事です。よい場所を見つけ、その土地の所有者と契約を交わし、実際にお店を開くまでの期間は、短くて２年ぐらい。お店の建設にも、1000坪以上の大型店をつくるには役所の許可を得なければならないので、時間がかかってしまいます。その代わり、最適な場所にお店を出せれば、地域の人にも自分たちの会社にも利益をもたらすのです。

　スーパーの成り立ちには、いろいろな形態があります。たとえば、私がかかわった神奈川県の権太坂スクエア店。「権太坂」は毎年お正月に行われる箱根駅伝で有名ですから、地名をご存じの方もいるかもしれませんね。このお店の土地は、もともと市がもっていました。そこを民間企業が開発して商業施設をつくり、私たちはその企業から施設の一部を借りてスーパーを営業しています。

　でもいちばん多いのは、個人の地主さんから土地を借りて、そこに私たちの会社が店舗を建てるか、あるいは地主さんに建てていただいて、それを借りる形です。

　私が担当している地域は神奈川県。ここで土地を探すことから仕事は始まりますが、1000坪から2000坪もの広い空き地などなかなか見つかりません。そこで、担当地域の不動産屋さん、銀行の方とおつきあいして、情報を得ています。

「○○駅の裏手にある工場が今年いっぱいで閉鎖するらしい」

「大手企業がもっている運動場を手放すようだ」

　こういった情報をもとに、その土地を調査しに行くのです。ただし、簡単に情報が得られるわけではありません。相手は不動産のプロや金融のプロですから、私も多少はその知識をもっておつきあいしないと信頼してもらえない。そこでこの部署に異動してから、不動産取引を行える「宅建（宅地建物取引主任者）」の資格をとったり、自己啓発セミナーに通ったり、自分なりに勉強を続けています。不動産や金融に関連する知識は、地主さんと交渉を進めていくうえでも大事なんです。

地主さんに自社の利点をアピールする

　よさそうな土地の情報を手に入れたら、つぎは調査です。その土地はどんな地域にあるのか、周辺にはどんな人たちが住んでいるのか。朝、昼、夜、違う時間帯に何度も通って、そこにスーパーをつくったら地域の人の役に立つかどうか、商売として成り立つかどうかをいろいろな角度から調べていくのです。

社内で打ち合わせ。「このあたりにつぎの店舗を出したいんだけど」

条件に合う土地が見つかったら、いよいよその土地をもつ地主さんと交渉開始。ただし、いい土地はほかのスーパーも狙っています。一人の地主さんの元に、競合する会社が同時期に交渉に行くケースもめずらしくありません。

ライバル社に勝つためには、私たちのお店の利点を強力にアピールする必要があります。「首都圏にすでに約100店を展開していること」「嘘をつかない正直な商売をしていること」などが私たちのアピール点。言葉での説明だけでなく、すでに営業しているお店に案内し、バックヤードも含め隅々まで実際にお見せします。

サイト開発部員のある1日

9時	物件調査のために車で現地へ直行。周辺の競合店、交通事情、人の流れなどを調査。
13時	食事をしてつぎの仕事先へ移動。
14時	出店が決定している物件の所有者と先方事務所で打ち合わせ。
15時	何本か電話連絡したあと、つぎの仕事先へ移動。
16時	不動産会社の事務所で、検討中の物件について打ち合わせ（物件の所有者の考えなどを聞いて、社内で検討するため）。
17時40分	本部に帰社。今日の仕事内容を上司に報告。ほかのスタッフとの打ち合わせ。メールや社内回覧文書のチェック。
19時40分	退社。

不動産会社から電話。「いい物件がありました！」

　でも、この仕事を始めたころはとまどいました。地主さんには60代、70代など私の父親ぐらいの年配者が多いので、20代の私がいきなり「契約してください」と交渉を始めても、なかなかいい返事がもらえません。そこで上司の力を借りていっしょに行ってもらったり、仕事以外の話題を探したりしながら、その相手に合った交渉術を学んできました。

　契約が整ったあとも、「今、工事がここまで進んでいます」など定期的に経過報告をしながら、地主さんとのおつきあいは長く続けています。

人との絆が大事な仕事

　私がこの部署にやってきたのは10年前でした。当時「自転車で1年間東京23区内を走り回り、出店できる場所を探す」という会社のプロジェクトが立ち上がり、人材を社内公募したとき手を挙げたんです。

　その前はお店で鮮魚部門のチーフをしていましたが、開発の仕事にもやりがいを感じて、そのままこの部署に残りました。この仕事は大きな金額を扱う仕事でもありますし、失敗は許されません。でも、自分が選んだ土地にお店がオープンし、「ここにスーパーができて本当によかっ

サミットストア権太坂スクエア店

た」というお客さまの声が聞ける瞬間は最高です。

　ここまでお話ししてきたことでわかるように、仕事の具体的な目的は「新店舗のための土地開発」ですが、実際は人との信頼関係が必要な仕事です。見つけた土地の契約がすんだあと、今度は社内で店舗建設にかかわる部署や、お店の運営方針を考える部署などに仕事を引き継ぎますが、このときも各担当者との情報交換、意見交換が欠かせません。

　人とうまくつきあうコツですか？　個人的なことを言えば、私は小さいころから聞き役でした。相手が話しているのをじっくり聞きながら、人を観察するのが得意だった気がします。一度会った人の顔は忘れません。一人っ子で寂しかったから、友だちをたくさんつくろうとして、人の話を聞いたり顔を覚えたりするのがうまくなったのかもしれません。

　店舗開発の仕事には明るくて積極的な人が向いていますが、引っ込み思案の人もだいじょうぶ。誠意をもって相手と接し、話を真剣に聞ければ、そこから会話も信頼関係も生まれてきます。誇りとやりがいが「ありすぎるほどある」仕事ですから、興味をもった方はぜひ私の後輩になってください。

※「サイト開発部員になるには」はインタビュー6（→89ページ）を参照してください。

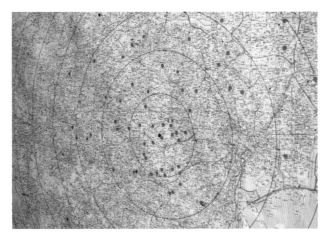

サミットの出店地域は1都3県におよぶ

Chapter 5

コンビニエンスストア
では
どんな人が
働いているの?

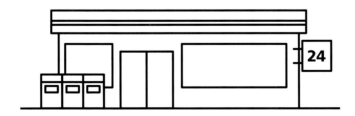

コンビニエンスストアの仕事を

どの町にも必ずある、
身近なお店コンビニ。
みんなもよく立ち寄る
お店じゃないかな？
とても便利なお店の中を
探検してみよう。

取材協力：株式会社ローソン

　スーパーマーケットの見学を終え、今度は学校の近くにあるコンビニエンスストア「フクロウストア」にやってきた山田くんと金子さん。この店にはよく来ている２人だが、店長さんと話をするのははじめてだ。

* 　* 　*

「コンビニエンスストア」の意味は「便利なお店」

店長「いらっしゃい。２人はよくうちのお店を利用してくれているね」

金子さん「はい。私はよくお菓子を買いにきます」
山田くん「僕は漫画雑誌とか、アイスクリームをよく買うかな」

金子さん「このお店は小さいけれど、いろいろな品物を置いていますよね。スーパーとはどこが違うんですか？」

店長「食べもので言うと、スーパーは主に野菜や魚など食事の材料を買いに行くよね。コンビニエンスストアには、すぐ食べられるものがそろっている。そのほか日常生活で使う商品はほぼそろえているし、24時間営業だから夜中でも買いものに来られる。『コンビニエンスストア』というのは、英語で『便利なお店』という意味なんだ」

山田くん「僕たちは『コンビニ』って呼んでいますけど、本当の名前はコンビニエンスストアって言うんですね」

店長「そう。でもコンビニという言い方でもかまわないよ」

金子さん「フクロウストアだけじゃなく、コンビニってけっこうたくさんありますよね。誰の家からも近いところにあって、それも便利ですね」

山田くん「それにサッカーの試合やコンサートのチケットが、ここで買えるのも便利」

金子さん「えっ、チケットも買えるの？ 知らなかった」

店長「ほら、レジのとなりに置いてある機械、あれを操作すればお店に置いてない商品を注文できるんだ」

金子さん「すご〜い！ 試合やコンサートのチケットのほかにも、買え

コンビニを
イラストで見てみよう

レジ

店員

ATMなど

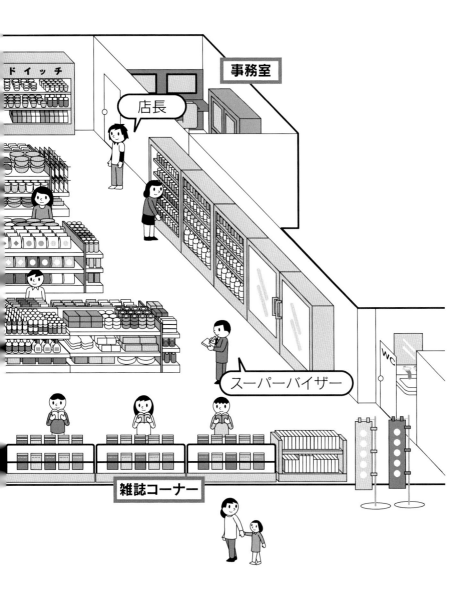

るものがあるんですか？」

店長「映画館や劇場のチケットも買えるし、バスや飛行機の切符^{きっぷ}も買える。ホテルや旅館の予約もできるんだよ」

山田くん「あの機械のとなりにも機械が置いてありますけど、あれは？」

店長「ATM といって、銀行にお金を預けたり、引き出せる機械だよ」

金子さん「銀行まで行かなくても、ここでお金を受け取れるんですか？」

店長「そうそう。ほかにもコンビニには、ファクシミリ機やコピー機もある。電気や水道料金など公共料金の支払いもできるし、お店によっては宅配便や郵便物も扱^{あつか}っているんですよ」

山田くん「コンビニって本当に便利なお店なんですね！」

棚^{たな}の並^{なら}べ方にも意味がある

金子さん「たくさんの商品の中で、いちばん売れるものは何ですか？」

店長「金子さんと山田くんは、何だと思う？」

金子さん「え～と……、ペットボトルのお茶とか飲みものですか？」

コンビニの歴史

　世界で最初のコンビニエンスストアは、1927 年にアメリカで生まれた店だと言われている。もともと氷だけを売っていた店に日用品や食料品も置き、毎日朝 7 時から夜 11 時まで営業したことから「7-Eleven」と名前も変更した。そう、これがコンビニ大手チェーン、セブン - イレブンの始まりだ。

　日本では 1970 年代にローソン、ファミリーマート、セブン - イレブンの 1 号店が誕生した。これにサークルKサンクス、ミニストップを加えた 5 社が日本の大手コンビニ会社で、5 社だけで全国に 4 万店もの店舗をもっている（2011 年現在）。このほか日本各地には中規模、小規模に展開するコンビニが約 6000 店あるが、あなたの町にあるのはどのコンビニだろう？

山田くん「僕は雑誌だと思う。いつも雑誌コーナーには人がいるし」
店長「正解は**おにぎりやお弁当**です。でも金子さんと山田くんが選んだペットボトル飲料や雑誌も、2 位とか 3 位に入るんじゃないかな。ところで、コンビニでは売れる商品をどこに置くか、並べ方の工夫もしているんですよ。どういう工夫かわかるかな？」
金子さん「おにぎりとかは……お店のいちばん奥に置いてありますね」

おにぎりとお弁当が売れすじ

店長「そう。どうしてだと思う？」

山田くん「う〜ん……。みんなが買うものなら、入り口近くに置いたほうが目立ってよけい売れるような気がするけどなあ」

金子さん「あっ、わかった！　買いたいものが奥にあると、そこへ行くまでのあいだにほかの商品も買うかもしれないから？」

店長「当たり！　なるべくお店全体を見てもらって、いろいろな商品を見つけてもらいたい。だから売れる商品は奥の壁際に置くことが多いんだ。それと、雑誌が表通りから見える位置に並べてあるのは、外を通るお客さまをお店に引きつけるため」

山田くん「僕もいつも引きつけられて、このお店に入っちゃいます」

金子さん「真ん中の棚も、商品の置き方などに工夫があるんですか？」

店長「もちろん！　コンビニでは棚のことをゴンドラと呼ぶんだけど、身長160から170センチぐらいの大人にとって、目につきやすいのは床上80センチからゴンドラのいちばん上ぐらいの高さまで。だからヒット商品やいち推しの商品は、その場所に置いています」

金子さん「コンビニの棚って、スーパーの棚より低いですね」

店長「よく気がつきましたね。ゴンドラの高さは135センチ。大人の平均身長を考えると、たいていの人は135センチのゴンドラの向こう

売り場にはさまざまな工夫がある

これほしい！

ヒット商品やいち推し商品を目立つところへ

お弁当は店の奥へ

ついでにコレも！

側も見渡せる。そうすると狭いお店が広く感じるんですよ」

山田「へえ〜、そんなことまで**計算して売り場をつくっている**んだ！」

コンビニには直営店とフランチャイズ店がある

金子さん「私の母に聞いた話では、以前この場所に酒屋さんがあったそうですが、店長さんはその酒屋さんと関係があるんですか？」

店長「うん、僕は酒屋の４代目。僕の父親の代までここで酒屋をやっていたんだけれど、もっとたくさんの商品を置けるお店にしたくて、僕の代からコンビニのフクロウストアに替えたんだ」

山田くん「酒屋さんがコンビニ？　簡単に替えられるんですか？」

店長「**大手のコンビニには、直営店と加盟店がある**んだ。僕はフクロウストアと契約し、お店をコンビニ用に改装して、フクロウストアの店舗を開いたというわけ。ただし、形だけ整えてもうまく営業していけない。だから、加盟店のオーナーになるための研修も受けたよ」

山田くん「研修って、どんなことをするんですか？」

店長「コンビニを経営していくための基本的な知識とか、お店の中や裏の事務所で使う機械類の操作方法、それに商品管理法や店員の育て方ま

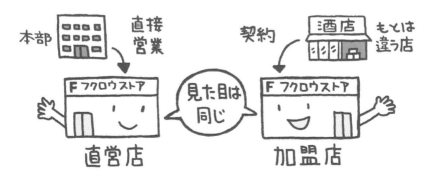

コンビニには直営店と加盟店がある

本部　直接営業　見た目は同じ　契約　酒店　もとは違う店　Ｆフクロウストア　直営店　Ｆフクロウストア　加盟店

で、１週間泊まり込みでたっぷり教わったんだ」

金子さん「コンビニを開くためには、いろいろな知識が必要なんですね」

店長「そう。でもね、頼もしい味方がいるんだ。スーパーバイザーと呼ばれる人が本部から週に２、３回来てくれるので、わからないことや困ったことがあったら、何でもその人に相談すればいい」

山田くん「スーパーバイザー！　名前もかっこいいな」

店長「今日も来てもらう約束だから、あとでスーパーバイザーさんにも話を聞いてみたらどうかな」

スーパーバイザーは店長の相談役

金子さん「今レジには女性がいますけど、このお店では何人の人が働いているんですか？」

店長「社員は僕とレジにいる女性。彼女は僕の奥さんなんだ。あとは学生や主婦のアルバイトさんが 18 人。**みんなで交代するシフト制**で、いつもお店に２人か３人いるようにしている。**コンビニは 24 時間営業**だから、夜中はアルバイトの男子学生２人に任せて、僕と奥さんは休むよ

災害時に役立つコンビニ

　コンビニはいつでも買いものができる便利さに加え、いろいろな面で私たちの生活に役立っている。たとえば阪神・淡路大震災の教訓を活かし、大災害などが起きた場合は、被災した人や帰宅が困難になった人の支援場所にもなる。2011 年 3 月 11 日の東日本大震災時、首都圏のコンビニでは、都心から歩いて家に帰る人に休憩場所や水道水、トイレを提供したり、最新交通情報を伝えた。東京をはじめ各県や市は、災害時に協力してくれるよう、コンビニ各社と提携を結んでいるが、それ以外の地域でも各コンビニ店が自発的に困っている人の援助を行った。

　大手コンビニ会社は、配送センターに保管していた飲みものや食料品をトラックに積み、いち早く被災地へと届けた。その後も仮設店舗や移動車で営業するなど、被災地支援を続けている。便利なだけでなく、コンビニは社会的な貢献度も大きい。

うにしているんだ」

山田くん「店長さん、店員さん、アルバイトさんでは、仕事が違うんですか？」

店長「いや、基本的には同じ。2 台のうち 1 台のレジには、必ず誰かいるようにしているけれど、レジ以外にも仕事はたくさんある。**棚の乱れを直したり、空いている棚に奥の倉庫から商品を補充したり。**店の前

にはペットボトルの回収箱やゴミ箱があるから、それも常にきれいにしておかなければならない。お店はいつも清潔に、棚（たな）にはいつも商品がきれいに並（なら）んでいるように、店員一人ひとりが気を配っているんだ」

金子さん「コンビニのレジって、ただ商品のバーコードをスキャンするだけじゃなく、宅配便や電気代などの支払いもあるから難しそう」

店長「いやいや、コンビニのレジは進化しているからね。簡単な操作をすれば、『つぎはこうしてください』という指示が画面に出るんだ」

山田くん「じゃあ、僕（ぼく）でもアルバイトできますか？」

店長「もちろん！　ただし、高校生になってからだけどね。そうそう、店長の僕もアルバイトの学生さんも基本的な仕事は同じだけれど、店長には、裏の事務室で本部と連絡（れんらく）をとったり、商品を発注する作業がある」

金子さん「注文した品物は、みんなばらばらに届くんですか？」

店長「おっ、いい質問だね。コンビニは『共同配送』という効率のいい流通システムをつくったんだ。**お店で注文した商品は、いったん配送センターに集められて、お店ごとに小分けされて各店に届けられる。**お弁当などの消費期限の短いものは、1日3回配送されてくるんだよ」

山田くん「へえ〜。コンビニってみんなお店は小さめだけど、広い地域で営業しているからシステムはきちんとできているんですね」

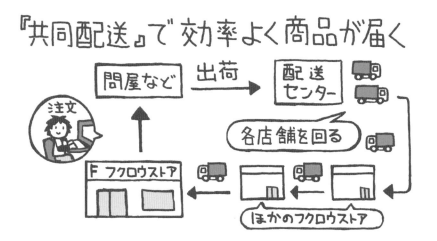

スーパーバイザー「こんにちは」

　店長「あ、ちょうどいいところへ来てくれた。見学にきてくれた2人に、スーパーバイザーの話をしたところなんだ」

山田くん「そう、店長さんの相談にのってくれる頼（たの）もしい味方だって」

スーパーバイザー「頼もしいかどうかは別にして、**新商品の説明をしたり、お店にどの商品を置けば売れるかをいっしょに考えたりします**」

金子さん「コンビニって、お店によって置く商品が違（ちが）うんですか？」

スーパーバイザー「多少違（ちが）いますね。たとえばこの店なら近くに小学校、高校、大学もあるから、学生さん向けの商品を多く置いているんです」

店長「そうそう。うちの店で、どの年代に何がどのくらい売れているかも本部で分析（ぶんせき）してくれるから助かっているんだ」

スーパーバイザー「コンビニにあるＰＯＳレジ（→25ページ）には、お客さまの年齢（ねんれい）とその方が買った商品をいっしょに打ち込める。レジのデータは本部でも読めるので、その情報と曜日やお天気などの情報も加えて、いろいろ分析（ぶんせき）するんです」

金子さん「コンビニってすごく進んでるんですね！　高校生になったらここでアルバイトします！」

店長「うれしいなあ。楽しみに待っていますよ」

働いている人に Interview! ⑨

▶ 店長

店と従業員を見守りながら、
仕入れと在庫管理を行い、
店の売り上げアップを図る。

鈴木小春さん
（すずき こはる）

学生時代のアルバイトで
接客業の楽しさを覚え、
2008年ローソンへ入社。
店舗（てんぽ）で店員を体験したの
ち、2009年に千葉県市
川市（かわ）（いち）の店舗（てんぽ）で店長になる。
現在は都内の店の店長。
将来は広告や販売促進（はんばいそくしん）に
かかわる仕事を希望して
いる。

店長ってどんな仕事？

　店長の仕事をサポートする本部の担当者（会社によってはスーパーバイザーなどと呼ばれる）と相談しながら、コンビニを運営していく。主な仕事は商品の発注・管理、従業員のシフトづくり、店の特徴を活かした売り場づくり。接客術や従業員の育成、商品管理など総合力が必要な仕事だ。

店の特徴を活かして商品を発注する

　コンビニをチェーン展開している会社にはたくさんの職種がありますが、どの社員もはじめは必ず店員、店長、スーパーバイザーを経験します。将来、どんな職種に就くとしても、お店で実際に働いた経験がないと「現場」の感覚がわからないからです。

　入社5年目の私も、店員として2年働き、2009年から東京の下町にある本部直営店で店長を務めています。

　店長の仕事は商品や人の管理、売り上げの向上などいろいろありますが、まず発注の仕事からご説明しましょう。発注とはお店に置く商品を注文する仕事で、お店の特徴を考えて行わなければなりません。

　たとえば以前店長を任されていた千葉県のお店は、主婦のお客さまが多かったので、生鮮野菜やお総菜などがよく売れました。現在担当しているお店では、朝とお昼は近所の会社に勤める男性サラリーマンのお客さまが多いので、お弁当で言えばボリュームたっぷりのものを中心に発注しています。

　夕方になると、近くに住む年配のお客さまがコロッケなどのお総菜やスナック菓子などのおやつ、たばこなど嗜好品を買いにきてくださるので、それらの商品を切らさないようにすることも大事です。

　注文はお店の裏にある事務所のパソコンで行うものと、売り場に持っていけるドット（DOT）と呼ばれる小型端末発注機器を使うものに分かれます。このお店を利用してくれるお客さまの層だけでなく、季節や

117

気温、町で行われる行事などによっても発注する商品が変わりますから、毎日いろいろなデータを基に品ぞろえを考えていきます。

従業員のチームワークも大切

　大半のコンビニでは、店長以外のスタッフはほとんどアルバイトさん。私たちの会社では「クルー」と呼んでいますが、店長はクルーの面接も担当します。コンビニは接客業ですから、明るくはきはきした受け答えができ、清潔感がある人を選ぶのが基本。でも、その条件に合う人でも、働ける時間帯がお店側の要求と合わない場合はお断りすることになります。髪型や髪の色、お化粧が極端に派手な人も、接客業には向きません。採用・不採用の結果は電話でお知らせするのですが、不採用を知らせる電話をかけるのは気が重いですね。

　クルーは週に4回昼間の5時間だけ働く人や、深夜だけ働く人など、勤務時間がまちまちですから、シフト表をつくってその勤務管理もしていきます。一定時間以上働く人に対しては社会保険に加入してもらったり、有給休暇をとってもらいますが、その書類を書いたり手続きをす

レジに入っているときに常連さんと会話を交わすこともある

るのも店長の仕事です。

　私たちのお店は、私と20人のクルーでシフトを組み、交代で24時間営業しています。レジが2つしかないお店で総勢20人が働いていると聞くと、「そんなにたくさん？」と思う人もいるかもしれませんね。でも、これでも少ないほうなんです。

　店長はお店ごとの予算で店舗を運営していきますが、どこにお金をかけるかは店長の裁量に任されています。たくさんのクルーを雇う店長さんもいますが、私はあまり人件費をかけていません。いい人を採用して育てていけば、「少数精鋭」で十分対応できます。

　クルーは時間によってどんどん交

	店長のある1日
9時	出勤。売り場の棚の整理。
11時	事務室のコンピュータで昨日の売り上げを確認。12時締め切りの発注準備。昼のピークに向け、店で調理するフライドチキンなどの個数を従業員に指示。
11時30分	昼のピーク前に棚の整理。足りない商品を補充する。
12時	レジに入り、お客さまに新商品のPRをしながらレジを打つ。
13時	ピーク時終了。棚の整理とそうじのあと、明日のセールに備えて準備する。
14時	15時まで昼食休憩。2日前に新発売された自社のお弁当を買い、休憩室で食べる。
15時	納品されたお弁当を売り場に並べる。売り場で商品を確認しながら発注。
17時	夕勤のアルバイトさんに売り場を任せ、事務室で書類作成などの事務作業。
17時45分	勤務終了。帰宅。

発注業務

代していきますが、自分が担当した時間のできごとや引き継いでほしいことは「オペレーションノート」に書き残していきます。このノートを通じて業務の連絡もできますし、仲間意識も生まれます。同じ時間に働くクルー同士が親友になった例もたくさんあります。24時間休みなく営業するコンビニには、クルー全員のチームワークが欠かせません。

売り場のつくり方で売り上げが変わる

　年中通って見慣れているはずのコンビニも、実は毎週のように商品の位置や飾りつけなどを変えています。新商品も毎週発売されますし、季節に合わせた商品も扱いますから、それをお客さまの目につくようアピールします。

　こうした棚づくりや飾りつけなども、クルーと協力して行っています。たとえば今力を入れているのは、毎年土用の丑の日に食べるうな重。スーパーバイザーさんから、去年うな重をたくさん売ったお店の話を聞いて、刺激を受けました。そのお店では、大きな黒いビニール袋に風船を詰めてうなぎの形にし、店内に飾ったそうです。私たちのお店では、逆

クルーさんと商品の動きを確認

に小さなうなぎのシールをたくさんつくって、店内中に貼ることにしました。

　こういうものをクルーといっしょに考えたり、手づくりしているときは、すごく楽しいですね。

　私はもともと接客業が好きで、学生時代からカレーのチェーン店やスーパーなどでアルバイトをしていました。就職先にコンビニ会社を選んだのは、いちばん身近な存在だったからです。

　自分がよく利用していたコンビニの店長を任されていると思うと責任を感じますが、やっぱり接客業は楽しいです。裏の事務所にあるパソコンで売り上げデータを見るより、実際にお店にいて、どんな人がどんな商品を買ってくださるのか、自分の目で確かめたいと思っています。お店でお客さまと話すのも好きですし、近くの会社に「土用の丑の日のうな重」の注文を取りに行く営業も楽しみながらやっています。

　でも、お店でPOP（→78ページ）などをつくっているうち、広告や販売促進の仕事にも興味がわいてきました。将来、本部で自分たちの会社や商品をアピールする宣伝材料をつくる仕事もしてみたいと、今は思っています。

店長になるには

どんな学校に行けばいいの？

　コンビニ会社の社員の場合、一般に店員と店長、スーパーバイザーを経験したあと、適性や本人の希望などによって別の部署に配属される。フランチャイズ店の店長になるには、コンビニ会社と契約し、店を経営するための講習を受けるが、学歴や資格など特別な条件はない。

どんなところで働くの？

　コンビニ会社の社員の場合、直営店の店長になる。一般に大手のコンビニでは、2、3カ所の店舗で働く。フランチャイズ店の店長は、自分がもっている土地や借りた土地に建てた店舗などで働くほか、店舗オーナーが経営する店舗に雇われるケースもある。

働いている人に  Interview! ⑩

▶ スーパーバイザー

本部の情報を知らせたり、
さまざまなアドバイスをして
店舗のオーナーを補佐する仕事。

鈴木謙史さん
すずき けんじ

2006年、コーヒーショッ
プの店長からコンビニ業
界に転職。ローソン直営
店で店員、店長を務めた
後、スーパーバイザーに
なる。オーナーだけでな
く、アルバイト店員の相
談にのるなど、人間関係
を大事にしながら店舗の
売り上げに貢献している。

▶ スーパーバイザーってどんな仕事？ ◀

　スーパーバイザー（SV）は業種や会社によって役割が異なる。このページに登場する鈴木さんは、同じ地域内にある複数の店舗（てんぽ）を担当し、オーナー（経営者）や店員に指導やアドバイスを行っている。仕事の予定は自分でつくるので、自己管理能力が必要。親身になってお店のことを考える優しさも大事な要素だ。

コンビニ店長の頼（たの）もしい相談役

　今の会社に入る前、私はコーヒーチェーン店の店長をしていました。転職の動機は、誰（だれ）にとっても身近なコンビニで自分を試したいと思ったからです。現在の職種はスーパーバイザー。お店を回ってオーナーさん（経営者）と話し、お店をよりよくしていくための方法をいっしょに考えたり、アドバイスをする仕事です。

　私が所属しているのは、千葉北支店。事務所は津田沼市（つだぬま）にありますが、そこにいるのは毎週１回、会議が開かれる日だけ。あとの日は自分でスケジュールを組み、担当している９店舗（てんぽ）を車で回っています。

　事務所にいる日は、本部から各店舗（てんぽ）に持っていく資料や、POPなど販売促進物（はんばいそくしん）を準備したり、オーナーさんに話す内容を会議で確認したりします。毎週新商品が発売されますし、季節ごとの催し（もよお）やセールもありますから、それの準備や確認が必要なんです。

　コンビニのオーナーさんには、いろいろな人がいます。会社を辞めてコンビニの店主になった元サラリーマンのオーナーさん。酒屋さんなどほかのお店を経営していた人が、お店を改造してコンビニのオーナーになるケースもあります。また、オーナーさん自身が店長をしているとは限りません。自分は店に出ず、運営を各店の店長さんに任せている、という人もいるのです。

　オーナーさんだけでなく、お店の立地場所や広さもまちまちですから、商品のそろえ方や近所の人への宣伝方法も、その店ごとに変えていきま

す。担当している店舗それぞれの個性に合ったアドバイスをしていくのが、私たちスーパーバイザーの腕の見せどころです。

店の一員となって宣伝活動を行う

　担当している店舗には、週に２度の割合で足を運びます。オーナーさんに会ったら、まず売り上げの数字を確認して、目標より少なければその理由を探っていかなければなりません。

　つぎに、オーナーさんから困っていることや相談ごとを聞きます。先日は病院内に入っているお店のオーナーさんから、「お弁当がすぐ売り切れてしまうので、もっとお弁当の棚を増やしたい」という、うれしい相談がありました。この場合は棚を大きなものに交換して、人気商品をたくさん置けるように工夫しました。

　季節商品やセール品などを宣伝する方法も、各店舗ごとに個性が表れます。本部で用意する共通の宣伝物のほかに、お店のオーナーさんやクルー（アルバイト）さんがいっしょになって手づくりする熱心なお店が多いのです。

車に乗り込んで店舗回りに出発！

たとえば３月中旬、ある店のオーナーからこんな相談を受けました。「５月の『母の日ギフト』に力を入れたいと思うんですが」

このときはまだ、東日本大震災が起きたばかりで、世の中に強い不安が広がっていた時期。お店に置く商品自体も不足気味で、売り上げもぐんと落ち込んでいました。でもこのオーナーさんは、あえて「母の日」にこだわったのです。震災で家族の大切さ、母親のありがたさをあらためて実感した人も多いだろうから、その気持ちを「ギフト」で表してほしい、との思いを込めた提案でした。

私も賛成し、いっしょに宣伝方法を考えました。手づくりのビラをオ

▶ スーパーバイザーのある1日 ◀

8時	自宅から車で担当店へ直行。売り上げの確認をしたあと、オーナーからさまざまな相談を受ける。1店にかける時間はおよそ2時間。
10時	つぎの店へ車で移動。2店目に到着。1店目同様、売り上げの確認とオーナー、クルーからの相談を聞いて対応策をいっしょに考える。最後に、来週行うセールについて打ち合わせ。
13時	2店目の近くにできたスーパーのお弁当を買い、車内で食べる。その後再び2店目の店舗に戻り、スーパーのお弁当についての情報を店長に伝える。
14時	この日3店目の店舗で、オーナーや店員の相談にのる。
16時	帰社。今日1日の報告書作成などデスク作業。
18時	仕事終了。帰宅。

クルーさんと新商品について打ち合わせ

ーナーさんと街で配ったり、カーネーションをレジの周辺に飾ったり、ユニフォームにもカーネーションの模様をつけたり。お店が独自に制作する宣伝物や装飾品はオーナーさんご自身でつくるので、なるべく手づくりでお客さまの目にふれやすいものをたくさん用意しました。

　その結果、母の日ギフトはお客さまからたいへん好評でした。前の年と比較して今年は約5倍のご予約をいただいたのです。
「遠く離れている母親に、久しぶりにプレゼントができた」
「地震で気持ちが弱っていた母さんにすごく喜ばれた」
など、お店にはお客さまから感謝の言葉が寄せられました。いい企画を考えてみんなでアピールすれば、お客さまとの絆も生まれるのですね。

担当店の売り上げアップが自分の喜び

　スーパーバイザーの先輩や同僚を見ていると、成功する人には共通点があることに気付きました。その共通点とは、担当するお店のことを「もっとよくしたい」と真剣に考えていることと、相手の気持ちになって考えられること。それに行動力があることです。

店長さんと売り上げの確認

　私もそんなスーパーバイザーになりたいと思っています。大勢の人とかかわるスーパーバイザーをしているうち、コミュニケーション能力だけは少しみがかれたかな、という気がします。何の仕事でも、一生懸命取り組んでいれば、自分自身も成長できるのかもしれませんね。

　お店ではクルーさんともかかわります。クルーさんの悩みを聞き、育てるのも私の仕事です。

　たとえば絵の上手な高校生のクルーから、「お店に飾る販促物の絵を描いてみたい」という相談を受けたことがあります。そこで、ほかの店の学生クルーが描いたPOPを参考に見せたら、かっこいいPOPをつくってくれました。コンビニでは大勢いるクルーが非常に大事な存在ですから、彼らの能力ややる気を引き出すことで、お店の雰囲気も売り上げもぐんとアップするのです。

　自分が実際にアドバイスしたり、いっしょに手がけたことが成功して、お店が繁盛していくのを見ると、本当にいい仕事だなと思います。スーパーバイザーは、その後店舗運営のスペシャリストになる人と、本部で別の職種に就く人に大きく分かれますが、私自身は運営の仕事にずっとたずさわっていたいですね。

スーパーバイザーになるには

どんな学校に行けばいいの？

　コンビニ会社に入社すると、一般に最初の4、5年は店員、店長、スーパーバイザー（会社によって呼び名が違う場合もある）を順に経験し、そのあとほかの部署に配属される。入社の条件は会社によってさまざまだが、スーパーバイザーになるために特別な学校に行ったり、資格をとる必要はない。

どんなところで働くの？

　大手コンビニ会社の場合、スーパーバイザーの所属先は地域ごとに置かれる支店で、そこに机がある。だが、社内で作業する時間は短く、大半の時間は担当のコンビニを巡回して、オーナーや店員の手助けをする。店から店への移動には車を使うので、自動車運転免許証は必要だ。

▶ コンビニにまつわるこんな話1

より早く、より効率的な配送ルートをつくる

　売れる商品はいつでもお店の棚にあり、売れたらすぐ補充していく。これがコンビニの売り上げを伸ばす秘訣だ。売れる商品を予測し、的確な数を注文することは店長の大事な仕事である。

　しかし、注文した品物が遅れて配達されたらどうなるだろう。売り上げを伸ばすチャンスを逃してしまうし、お客さまはほかのコンビニを利用するようになってしまうかもしれない。

　そこで重要になってくるのが、毎回決められた時間に商品を配送するシステムづくりだ。チャプター5で説明したように、各お店から注文された商品は、一度配送センターに集められてから、お店ごとにまとめてトラックで運ばれる。

　配送担当の人は一度に何店ものお店へ商品を届けるわけだが、どの順番で回り、どの店には何時に届けるか、きちんと決められている。こうした配送ルートは本部でつくられるが、同じ配送地域の中に新しいお店ができると、そのたびに配送ルートをつくり直さなければならない。

　ルートづくりの担当者は、道路の混雑状況や効率を考えながら、公平な配送ができるよう気を配っている。私たち利用者の「便利」と企業の「利益」を追求するために、見えないところで多くの人が努力している。

コンビニがいつも「輝いている」理由

　コンビニが日本に登場したころ、「夜のお店の明るさ」が話題になった。夜間営業する小売店もあったが、コンビニの照明はどこのお店より輝いていたのだ。実はこれ、「明るさでお客さまを引きつけよう」というコンビニの戦略だった。

　21世紀に入ると「エネルギーの削減」をめざし、照明を従来の蛍光灯から、より電力消費量の少ないLEDに替えるコンビニが多くなってきた。また2011年3月11日の震災以降は、どのお店もいち早く不要な照明を消すなどの対策を講じた。「省エネ」や「エコ運動」に対しても、コンビニ業界は熱心に取り組んでいる。

　ところで、照明の明るさとともに、コンビニ各店が最初から心がけていたのは「そうじの徹底」だ。ガラスや床、棚を常にピカピカにして清潔さを保つことも、お客さまを引きつけることにつながる。

　このためコンビニの店員にとって、そうじも大切な仕事なのだ。今度コンビニに行くときは、商品だけでなくお店の「ピカピカ度」にも注目してみよう。

Chapter 6

コンビニエンスストアを
支えるために
どんな人が
働いているの?

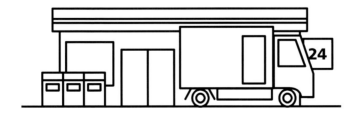

コンビニエンスストアを支える仕事を

全国に数多くあるコンビニ。
そのお店を支えるために、
たくさんの職種の人たちが
協力し合っている。

今日はフクロウストアの本部にやってきた山田くんと金子さん。訪ねる先は広報部だ。

*　　*　　*

新商品開発会議に潜入（せんにゅう）した！

　広報部員「こんにちは。お店見学は楽しめましたか？」
山田くん「はいっ！　品物の並（なら）べ方とか置いてある機械のすごさとか、感動しました」

　金子さん「コンビニの本部の人たちは、どんな仕事をしているんですか？」

広報部員「お店の運営方針を考えたり、新しいお店を開く場所を開拓（かいたく）し

たり、テレビなどメディアを通じたＰＲ策を練ったり、お店に置く商品を開発したり、いろいろな職種の人が働いています。今日はそのなかで、お店と直接関係する部署の会議を見学してもらいます」

山田くん「えっ、会議って秘密じゃないんですか？」

広報部員「本当は、関係者以外は参加できませんが、今日は特別ですよ。さあ、この扉（とびら）の向こうが会議室です」

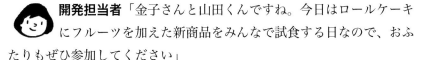

＊　＊　＊

　会議室に入ると、円形に並（なら）べられた机の前に10人ほどの人がいる。そして机の上には、ロールケーキが並（なら）んでいた。

山田くん「えっ、まだ朝の９時半なのに、もうおやつの時間？」

広報部員「いえいえ、これは新しく発売するスイーツの試食会なんですよ」

開発担当者「金子さんと山田くんですね。今日はロールケーキにフルーツを加えた新商品をみんなで試食する日なので、おふたりもぜひ参加してください」

金子さん「えっ、私たちもいただいていいんですか？　生クリームの中にキウイとイチゴが入っているロールケーキですね。いただきます！

コンビニ本部にあるさまざまな仕事

運営方針

新しいお店の開拓

ＰＲ

新商品

あっ、キウイのちょっと酸っぱい感じが甘い生クリームといい相性かも……」

開発担当者「うれしいなあ。実際に商品を買ってくださるお客さまから感想を聞けて、すごく参考になります」

山田くん「僕はふだん、あんまり甘いものは食べないけど……。うん、これはおいしいです。発売されたら姉に勧めます！」

開発担当者「どうもありがとう！」

金子さん「こういうおいしい会議って、毎日開かれているんですか？」

開発担当者「いや、スイーツ部門に限らず自社で開発する食品は、だいたい週に1回試食会をしています。今2人に食べてもらったのは、商品としてほぼ完成したものですが、**最初の試食から商品化されるまで、何度もつくり直して試食を重ねていくんですよ**」

山田くん「へえ〜、商品がお店に並ぶまで、長い時間をかけてつくられていくんですね」

広報部員「じゃあ、つぎは実際に商品をつくっている工場に案内しましょう。スイーツの工場はここからちょっと遠いので、お弁当工場を見学してもらいます」

コラム 「チルド」でお弁当が進化した

コンビニのお弁当のなかで、近ごろ目立っているのはチルド弁当だ。チルドとは、5度前後の温度で管理すること。つまりチルド弁当は「冷蔵のお弁当」で、買ったあとレンジで温めて食べる。

では、なぜコンビニ各社がチルド弁当に力を入れるようになったのか。ひとつは低温管理することで生野菜など使える材料が増えて、お弁当がおいしくなるから。もうひとつは賞味期限の問題だ。ふつうのお弁当は製造から販売まで20度前後の温度で管理されるが、消費期限は約1日。一方、すべて5度ぐらいの温度で管理されるチルド弁当は、消費期限が伸びる商品もある。

チルド弁当の出現で、消費期限切れのため廃棄されるお弁当は格段に少なくなっている。

つぎは手づくりのお弁当工場を見学

「フクロウストア」の名前とマーク入りの車に乗って、お弁当工場へやってきた山田くんと金子さん。工場で用意してくれた**白衣、帽子、マスクを着用し、手をよく洗う。そのあと空気を吹きつけて全身のほこりを取るエアシャワーを浴びてから、いよいよ工場内へ。**

食べものを扱うので厳重に管理

白衣
帽子
マスク
手洗い
エアシャワー

山田くん「工場見学をするには、厳重にほこりや汚れを取ることが必要なんですね」

広報部員「食べものを扱う工場ですから、衛生管理は厳重にしています。この作業場では、ハンバーグ弁当の盛りつけをしているんですよ」

金子さん「ここは外の温度よりちょっと涼しい感じがしますね」

 工場長「工場の中は20度で温度管理しているから、今日みたいな暑い日は、ちょっと涼しく感じるかもしれませんね」

山田くん「お弁当ってたくさんつくるから機械化されているかと思ったら、**大勢の人が流れ作業で手づくりしているん**ですね！」

工場長「そう。新商品がつぎつぎと開発されてメニューは常に新しくなるので、機械化するのは難しいんです。手作業をしているのはその意味もありますが、もうひとつ『手づくりのほうがおいしい』という味の問題もあるんですよ」

金子さん「すごく大勢の人が働いていますけど、全部で何人くらいの人がいるんですか？」

工場長「この作業場だけで100人ぐらいかな。工場は24時間フル操業しているので、交代でいつもそのぐらいの人数が働いています」

山田くん「作業場の上に、写真が貼ってありますね」

工場長「お弁当の完成写真です。あれを見ながら作業をすれば、新しいお弁当でも間違<ruby>違<rt>ちが</rt></ruby>いなく盛りつけられますからね」

金子さん「最後の人は中身を検査しているんですか?」

工場長「その通り。間<ruby>違<rt>ちが</rt></ruby>いなく詰<ruby>詰<rt>つ</rt></ruby>められているかチェックすると同時に、よりおいしく見えるよう、盛りつけを手直ししているんです。万が一金属類などがまぎれているといけないから、完成したあと金属探知機を使ってチェックする工程もありますよ」

金子さん「手づくりと機械でのチェック、両方大事にしているんですね」

工場長「はい。**おいしさだけじゃなく、価格や安全面でもお客さまに喜んでもらうために、みんなで一生<ruby>懸命<rt>いっしょうけんめい</rt></ruby>働いています**」

山田くん「フクロウストアのハンバーグ弁当は、この工場だけでつくっているんですか?」

工場長「いえ、この工場と同じくフクロウストアから委<ruby>託<rt>いたく</rt></ruby>を受けたほかの工場でも、同じものをつくっていますよ。つくり方が統一されているので、どの工場でつくっても同じくおいしいお弁当ができるんです。お昼の時間になったので、おふたりにはハンバーグ弁当を食べていってもらいましょう」

山田くん「やった〜! 僕<ruby>僕<rt>ぼく</rt></ruby>、大好物なんです」

配送センターは「常温」「冷蔵」「冷凍」と3種類ある

広報部員「2人とも、お弁当は食べ終わりましたか？」

金子さん「はい。おいしかったです」

山田くん「お店で買ってもおいしいけれど、できたては最高においしいですね！」

広報部員「それはよかった。じゃあつぎは、ここから車で10分の距離にある配送センターへご案内しますね」

金子さん「店長さんから聞きました。配送センターって、お店が注文した品物をいったん集めるところですよね」

広報部員「そう。車で移動するあいだ、配送センターについて少し説明しますね。配送センターは、**常温（ふつうの温度）管理、冷蔵管理、冷凍管理の商品を集めるところと、3つに分かれているんです**」

山田くん「今から行く配送センターは？」

広報部員「冷蔵で管理して運ぶ配送センターです。さっき食べたお弁当も、そこを経由してお店に届けています」

金子さん「あれ、お弁当工場は20度の温度設定だったけど……20度でも冷蔵品なんですか？」

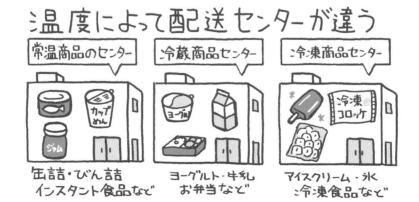

温度によって配送センターが違う

常温商品のセンター	冷蔵商品センター	冷凍商品センター
缶詰・びん詰 インスタント食品など	ヨーグルト・牛乳 お弁当など	アイスクリーム・氷 冷凍食品など

広報部員「ええ、ひと口に冷蔵といっても、**商品によって管理温度は違うんですよ**。配送センターには、その商品にとってちょうどいい温度で管理しながら、お店へ届けるという工夫がしてあります。はい、到着しました」

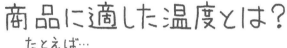

商品に適した温度とは？

たとえば…

-18〜-25度	2〜5度	20度
アイス、冷凍食品 など	チルド弁当、牛乳 など	お弁当、おにぎり など

配送センターはハイテクセンター

山田くん「わっ、さっきのお弁当工場よりぐっと寒いな」

広報部員「そうでしょう。この配送センター自体が冷蔵庫になっているようなものなんです」

金子さん「棚(たな)には牛乳やヨーグルトが並(なら)んでいますが、お弁当は？」

広報部員「お弁当は20度に設定された部屋に、一時保管してあるんですよ」

山田くん「ああ、それがさっき聞いた『工夫』ですね」

配送センター員「棚(たな)にはいくつもの仕切りがあって、それぞれ温度設定が違(ちが)います。その商品に合わせた温度で管理しながら、お店の注文に合わせて小分けしていく。常温で管理できる商品はある程度センターに保管しておくことができるけれど、冷蔵が必要な商品は大事に管理しながら、すばやくお店に運んでいくんですよ」

金子さん「ここには、あんまり人はたくさんいないんですね」

配送センター員「そう。**商品がつくられた日時や消費期限などは、コンピュータで管理している**からね」

山田くん「宅配便のトラックで『冷蔵車』って書いてあるのを見たこと

配送センターはコンピュータで商品を管理

つくられた日時、消費期限、配送先など

がありますけど、配送センターからお店へ商品を運ぶトラックも冷蔵車ですか？」

配送センター員「そうそう。**トラックの荷台も温度によって区切り、コンピュータで管理**しています。だから配送センターを出発したあとも、それぞれの商品に合った温度で運べるという仕組みです」

山田くん「お弁当の便は１日３回お店に行くんですよね」

配送センター「山田くんはもうだいぶフクロウストアについてくわしいですね。配送センターができる前は各メーカーが別々に商品をお店に配送していたので、１日で延べ60台ものトラックがお店に来ていました」

金子さん「えっ、それじゃあ、お店の人も大変だし、道路も混雑しちゃう」

配送センター員「そうなんです。でもコンビニが流通の仕組みをつくったことで、流通全体が進化したんです」

山田くん「へえ〜、僕、ますますコンビニのファンになりました」

金子さん「私も。早く学校でみんなに報告したい！」

広報部員「今日の見学はちょっと駆け足だったけれど、満足してもらってうれしいです」

金子さん・山田くん「今日はありがとうございました！」

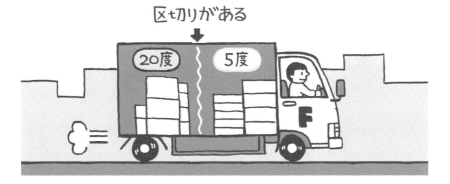

働いている人に 📷 ✦
Interview! 11
▶マーチャンダイザー

自社商品の企画_{きかく}から、
製造、販売_{はんばい}まで、
一貫_{いっかん}して担当する。

井上健治_{いのうえけんじ}さん

1998年ローソン入社。店員、店長、スーパーバイザーを経験したあと、もともと希望していた近畿_{きんき}地区の商品部でMDのアシスタント。その後、MDとして関東商品部、本社、東北商品部に勤め、現在は本社で「米飯」のMDを担当。

> ## ▶ マーチャンダイザーってどんな仕事？ ◀
>
> 　マーチャンダイザー（MD）の役割は企業によって異なるが、ここで紹介する井上さんの会社では、新商品を企画してつくり、販売戦略も考えて人気商品に育てる。みずから市場調査も行い、社内の多くの部署や関連会社の人びとと協力して行う仕事なので、アイデアのほか行動力やコミュニケーション能力も必要だ。

▍商品開発から販売戦略まですべてにかかわる

　コンビニで販売する商品のなかには、そのコンビニ会社が独自に開発した商品がいくつもあります。マーチャンダイザー（MD）は、その商品開発が仕事です。MD の役割は業種や企業によって異なりますが、私たちの会社では、自社商品の企画、市場調査、開発、製造、販売戦略まで一貫してかかわります。社内の多くの部署や外部の関連会社とも連携しながら、商品を生み出し、ヒット作に育てていくのです。

　私が担当しているチルド※のお弁当で、具体例をお話ししましょう。去年の９月、「女性向けのチルド弁当を開発しよう」という企画を立ち上げました。コンビニには女性のお客さまも大勢来店されますが、お弁当はあまり買ってくれません。マーケティング企画部といっしょに調査してみると、「サイズが大きいので、オフィスで食べるのが恥ずかしい」「揚げものが多くて重すぎる」などが主な理由でした。

　そこで私たちが考えたのは、女性が好む親子丼を小型のお弁当にすること。そうと決まったら、素材を提供してくれる会社やお弁当の試作品をつくる人といっしょに街へ出て、さっそく親子丼の調査です。専門店からおそば屋さんまで１日４〜５店ずつ食べ歩いているうち、人気の親子丼には「卵を固めず、とろとろ感を出す」という共通点があることがわかりました。これを絶対にお弁当にも活かしたい！　開発チームの気持ちが、ひとつにまとまりました。

※　チルド：通常よりも低い温度で管理すること。チルドのお弁当は、電子レンジで温めて食べる。

新製品の発売直前はいつもドキドキ

　お弁当の完成イメージや「ここを大事にしたい」というポイントが決まると、開発担当者が試作品づくりに入ります。試作品は毎週1回、関係者で試食をして改良を重ねていきますが、親子丼の場合、難題はやはり卵のとろとろ感を出すことでした。

　でも、この問題も卵の黄身の部分だけを使った「卵黄ソース」をつくることで解決しました。レンジでチンすると、ご飯の上にかかっている卵黄ソースが少し固まって、ちょうどいいとろとろ具合になるのです。開発にかかわった私たちにとって、まさに自慢の一品。300円代のお弁当なのに専門店に近い味に仕上がった、と思っています。

　さて、商品の中身が決まったら、今度は容器。中身にいくら自信があっても、外見イメージも大切にしなければなりません。特に女性向けの商品ですから、上品さや高級感を盛り込みたい。そう考え、原材料を仕入れる部署と食材や容器の形を相談したり、パッケージに掛け紙をつけるアイデアなどを検討していきました。

　商品が完成すると、つぎは宣伝です。丼もののチルド弁当をまとめて

試食は大事な仕事です

144

宣伝するテレビＣＭやポスター、店の前に立てる幟や売り場でつけるPOP などを、広告や販売促進を行う部署といっしょに考えていきます。これとほぼ同時に、お店にどのくらいチルド弁当のスペースをとるか、どのように並べるかなどを、お店を管轄する担当部署と相談します。

　いよいよ親子丼の発売日がやってきました。半年かけてつくってきたものがようやく世の中に出るのですから、もちろんうれしいですが、不安もあります。前日はずっとドキドキしていました。どの商品の発売日も同じです。親子丼のときも、念のために代案まで考えて、発売日を待ちました。

	マーチャンダイザーのある1日
9時	出社。メールチェックや書類作成などデスクワーク。
10時	会議室に移って、メニュー開発スタッフや取引先企業の人と会議。先週発売された商品の売り上げデータと分析結果を報告。改善策を協議する。
11時	引き続き会議。新メニューの提案と、試食品2品の試食。具材や味についての感想や、変えてほしい点をみんなで述べ合う。
13時30分	30分休憩。この時間に連絡事項などのチェック。会議でたくさん試食するので、昼食は抜き。
14時	引き続き会議。
18時	会議終了。自分のデスクに戻って、報告書の作成などデスクワーク。
21時	仕事終了。帰宅。

ヒット商品の親子丼

　おかげさまで、親子丼の売れ行きは初日からとても好調で、社内で優秀商品開発賞もいただきました。データを分析すると、狙い通り20代のOLさんに支持されています。

　子どものころから食べることが好きで、ものをつくる仕事がしたいと思っていた私にとって、MDの仕事は夢の実現です。開発した商品は自分の子どものようなものなので、人気が出ると最高にうれしいですね。

失敗の積み重ねから大ヒット商品は生まれる

　ここまで親子丼の開発過程をごく簡単にお話ししてきましたが、商品開発は1000個つくって3つ残ればいい、と言われる厳しい世界でもあります。

　私もこれまで、数多くの失敗を重ねてきました。現在担当しているチルド弁当のなかでも、男性向けに発売したマーボー豆腐弁当は今でも改良を進めています。

　リサーチを入念にしても、それが必ずヒット商品に結びつくとは限らないのです。あまり流行を先取りしすぎても売れませんし、かといって

商品開発会議

流行に乗り遅れれば、他社の商品が先にヒットしてしまうかもしれない。その辺の兼ね合いも難しいですね。

　それに一度ヒット商品をつくっても、それが長年続けてヒットするかどうかはわかりません。常に世の中の動き、人の好みの変化を調査しながら商品を進化させていかなければなりません。親子丼も、さらに進化させていきたいです。

　アイデアに詰まったときは、お弁当以外の分野を見に行くと思わぬヒントが見つかったりします。たとえばスイーツの華やかな飾りを見て、お弁当の盛りつけアイデアが浮かんだこともありました。違う分野に宝の山があるのです。

　これからもお弁当だけにこだわらず、ほかの世界を勉強して、ひと回りもふた回りも大きくなりたい。ただし、同じ大きくなるのでも、食べ歩きで体がひとまわり大きくなるのは避けたいので、毎日体重とお腹まわりを測って手帳につけたり、ジムに通っています。食品担当のMDは、体調管理が必要な仕事でもあるのです。

マーチャンダイザーになるには

どんな学校に行けばいいの？

　コンビニ会社の採用条件は会社によって異なるが、MDになるために特別な学校に行く必要はない。一般にコンビニ会社では、店舗での仕事を経験したのち、各部署に配属される。企画力やコミュニケーション能力など多くの資質が必要な仕事なので、MDをめざすなら多分野に興味をもち、多くの人とつきあおう。

どんなところで働くの？

　全国にチェーン店をもつコンビニ会社の場合、本社だけでなく、関東、東北など各地域の支社にもMDがいる。たとえば東北支社勤務のMDは、その地方だけで販売する商品の開発なども担当する。MDに限らず、コンビニ会社では人事異動が比較的多いため、勤務地は必ずしも一定していない。

働いている人に Interview! 12

商品開発スタッフ

決められたテーマに沿って
商品を試作し、検討を重ねて
完成品に仕上げていく。

藤原梨紗さん
（ふじわらりさ）

大学の栄養学科で学び、
管理栄養士の資格を取得
後、食品製造会社に入社。
ローソンの商品開発ス
タッフとして、はじめは
関西地区限定販売のサン
ドイッチ開発を担当。現
在は、全国に発売される
若い男性向けのサンド
イッチ開発にたずさわっ
ている。

▶ 商品開発スタッフってどんな仕事？ ◀

　コンビニが「自社ブランド品」として売り出す商品をつくっていく仕事。お弁当やサンドイッチ類は、食品製造工場の開発担当者が、コンビニのマーチャンダイザー（MD）の提案に従って開発する場合が多い。一般に３カ月から半年かけて何度も試作をくり返して商品として完成させていく。

新しいサンドイッチを開発する

　関西にある私たちの会社では、大手のコンビニさんが自社ブランドで販売するスイーツと麺類、総菜、サラダ、サンドイッチの開発と製造をしています。私の担当は、ボリュームたっぷりの男性向けサンドイッチ。ほとんどが300円以上の価格で、コンビニのパン類のなかでは高価な商品です。実はコンビニのお弁当やパン類には、その地域の特産品を具材に使ったり、その地域の人が好む味つけにしたりする、地域限定品もあります。

　入社した当時、私が最初に担当したのは関西限定の調理パンでした。東京の人は「タマゴサンド」というとゆで卵を使ったサンドイッチを想像すると思いますが、関西のタマゴサンドは出汁入りの卵焼きをパンにはさんだもの。地方によって、特色があるんです。

　全国向けの商品開発を手がけるようになったのは、２年前から。開発といってもいちから自分で考えるのではなく、担当のMDさん（→142ページ）から、「つぎの春に売り出すテリヤキチキンサンドを開発してほしい」と課題を出されます。まず最初に行うのは市場調査。MDさんやいっしょに仕事をしている食品会社の方にも手伝っていただき、今ほかのコンビニやパン屋さんではどんなテリヤキチキンサンドが売られていて、どれがヒットしているかなどお客さまの好みや流行を調査するのです。

　調査の結果、「こういうものにしよう」と決まったら、あとは食品会

149

社と連絡をとって材料をそろえ、サンプル（試作品）をつくってみんな
に試食してもらい、商品化していきます。依頼を受けてから商品が完成
するまでの時間は、3、4カ月ぐらい。長いようで短く、楽しいけれど
ちょっとだけ大変な時期もある仕事です。

毎週水曜日はメニュー開発会議

　商品が完成するまでの流れを、クラブハウスサンドの例でお話ししま
すね。クラブハウスサンドはアメリカ生まれで、具材がたっぷり詰まっ
たサンドイッチです。市場調査をしてみると、メイン具材がベーコンだ
ったりローストチキンだったり、いくつかタイプがありましたが、チキ
ンをメインにすることにして開発に入りました。

　サンプルが完成すると、担当のMDさんやほかの工場の開発担当者さ
んが12人集まるメニュー開発会議で試食を行います。会議は毎週水曜
日なので、火曜日に12人分のサンプルを製作し、コンビニ本部へ持ち
込みます。コンビニの店舗で売られるサンドイッチは半日から1日前
につくられたものなので、試食も完成から1日経った状態で「おいしい」

試作品をつくる

ことが条件になるのです。

　会議が開かれる水曜日は、早朝の新幹線に乗って、関西から東京のコンビニ本部へ向かいます。会議ではみんな遠慮（えんりょ）なく感想を述べるので、第1回目のサンプルを食べてもらう日はどきどきします。クラブハウスサンドの最初のサンプルは、多くの具材をひとつのサンドイッチに全部詰（つ）め込（こ）んだので「味が複雑すぎる」という意見をいただきました。

　会議で厳しい意見が出ると、帰りの新幹線の中で反省したり、新しいアイデアを考えます。2回目は異なる中身のサンドイッチを用意して具を分け、味が複雑になる点を改良しました。そのほか、トマトの酸味を

▶ **商品開発スタッフのある1日** ◀

9時	メールの確認と、作成するサンプルの内容などの確認を行う。
10時	試作品用の食材を取りに行き、調理室でクラブハウスサンドを試作する。具材一つひとつをつくっては味見しながら、13時まで一人で作業を続ける。
13時	昼食。家でつくってきたご飯のお弁当を休憩室で食べる。
14時	調理室に戻って再びクラブハウスサンドの試作。味と配色のバランスを考えながら、いろいろ試して完成。
15時	12人分の試作品を、明日会議が開かれるコンビニ本部に発送。そのあと会議用の書類づくり。提案書に商品名やサンドイッチの具材、調味料、原価計算表などを書き込む。
18時	作業終了。帰宅。

レシピ通りにつくられているかチェック

抑えるために少し砂糖を加えたり、隠し味的なものも工夫しながら、何
度も試食して完成させます。クラブハウスサンドの場合は、具材の配色
も大事な要素だったので、4、5回直して、よりおいしく見えるような
取り合わせにしました。

　商品として完成したら、レシピ（具材や調理法を記したもの）を作成
します。クラブハウスリンドを製造する全国の工場で、そのレシピをも
とに商品がつくられるわけです。私の会社の工場でもつくるので、製造
初日は立ち合って、レシピ通りにつくられているか見守る役目もしてい
ます。

▌自分のつくった商品が全国で売られる喜び

　私はもともと食品にかかわる仕事がしたくて大学の栄養学科に通い、
管理栄養士の資格をとりました。管理栄養士は、病院や福祉関係の施設
でメニューをつくる仕事を選ぶ人が多いのですが、私は食品メーカーで
新しい商品を開発することに魅力を感じたんです。

　今は毎月1品ぐらいのペースで新しい商品を開発していますが、その

開発会議のようす

ほか前に開発したものを新しくする仕事もあるので、いつも複数の商品を同時に考えています。クラブハウスサンドも夏にはスパイシーなもの、冬には濃厚な味のものに替えたり、季節ごとにリニューアルしています。

　追求しているのは「おいしさ」ですが、発売予定価格の範囲でつくらなければならないところが難しいですね。なかなか完成品がつくれないこともあるし、売れ行きが伸びなければその商品は販売中止になってしまうので、厳しい世界でもあります。

　開発しながら常に味見をするので、体重が増えてしまうのもつらいところです。仕事でパンを食べる反動から、お昼や夕食はたくさんお米を食べてしまうので、自分の体重を管理しなければなりません。

　でも、自分の考えた商品がはじめて全国のお店で販売される日は、最高の気分。開発段階で多少苦労があっても、全部吹き飛んでしまうぐらいうれしいですね。いちばん最初に開発した商品が店頭販売された日は、お店で写真を撮ってから買って帰り、両親にプレゼントしました。

　将来は管理栄養士の資格を活かして、味プラス栄養面も考えた商品を開発したいですね。それと、全国的に長く愛される商品を開発するのも夢。やりがいのある仕事ですし、ずっと続けたいと思っています。

商品開発スタッフになるには

どんな学校に行けばいいの？

　コンビニの自社商品は、コンビニ会社から委託されたメーカーの担当者といっしょに開発する場合が多い。応募の条件はメーカーによってそれぞれだが、大半は栄養士や管理栄養士の資格が必要。栄養学科や調理学科のある大学、短大、専門学校などに通い、栄養士、管理栄養士、また調理師などの資格をとろう。

どんなところで働くの？

　大手コンビニ会社では、マーチャンダイザー（MD）が商品開発にかかわるが、実際に調理しながら商品を生み出していく過程ではコンビニから委託されたメーカーの担当者が重要な役割を担っている。したがって働く場所は勤め先のメーカーだが、試食を含む会議でコンビニ本部にもひんぱんに通うケースが多い。

この本ができるまで
——あとがきに代えて

　私たちが毎日食べるものや飲むもの、日常生活に必要なものがそろうスーパーとコンビニ。どちらもとても大切なお店です。

　もし急にこの2種類のお店が日本中から消えてしまったら、どんなに困ることでしょう。魚や肉などの専門小売店が少なくなってきた今、スーパーとコンビニの役割はますます大きくなっています。

　この本を読むみなさんにとってもスーパーやコンビニはおなじみの場所だと思いますが、そこで働いている人と直接話す機会はめったにないでしょう。この本をつくるためにお話をうかがった方々は、お店を訪れるお客さまの満足を第一に考え、利用者や地域の役に立ちたいと、常にアイデアやサービスを考えているすてきな人たちでした。

　取材にご協力くださった方のお名前をつぎのページに記します。お忙しい日々の中で取材に応じ、笑顔で迎えてくださって、ありがとうございました。

　サミット株式会社広報室の清水則久さん、株式会社ローソン広報の村上京子さんには、取材の人選・交渉・日程調整でお世話になったうえ、スーパーやコンビニの全体像なども教えていただきました。あらためてお礼を申し上げます。

　本づくりもほかの仕事同様、多くの人の協力がなければできません。この本も多くの方のお力を借りて完成しました。本シリーズの企画・編集者でもあり、取材に同行して写真撮影も担当してくれたぺりかん社の中川和美さん、わかりやすくかわいいイラストで文章を補ってくれた山本州さん、そして本シリーズの装幀をお願いしている菊地信義さんに、心より感謝いたします。

この本に協力してくれた人たち（50音順）

株式会社オイシス

藤原梨紗さん

株式会社ローソン

井上健治さん、数土伸也さん、鈴木謙史さん、鈴木小春さん、
平野剛さん、村上京子さん

サミット株式会社

阿部優子さん、大河原一正さん、佐藤妙子さん、清水則久さん、
杉山正和さん、鷹嘴光永さん、田中邦夫さん、戸矢有加里さん、
中里 雄さん、中野幸生さん、中村佳之さん、望月奈緒美さん

装幀：菊地信義

本文デザイン・イラスト：山本 州(raregraph)
本文DTP：吉澤衣代 (raregraph)

[著者紹介]
浅野恵子（あさの けいこ）

東京都生まれ。フリーランスライター。医療・福祉系に関する書籍の執筆を数多く手がける。主な著書に『病院で働く人たち』『駅で働く人たち』（ぺりかん社）などがある。

しごと場見学！──スーパーマーケット・コンビニエンスストアで働く人たち
[デジタルプリント版]

2011年10月25日　初版第1刷発行
2020年 7月10日　初版第1刷発行 [デジタルプリント版]

著　者：浅野恵子
発行者：廣嶋武人
発行所：株式会社ぺりかん社
〒113-0033　東京都文京区本郷1-28-36
TEL: 03-3814-8515（営業）　03-3814-8732（編集）
http://www.perikansha.co.jp/
印刷・製本所：株式会社太平印刷社

ISBN978-4-8315-1571-1
Printed in Japan

しごと場見学! シリーズ

第1期〜第7期
全30巻

しごとの現場としくみがわかる!

全国中学校進路指導・
キャリア教育連絡協議会 推薦

私たちの暮らしの中で利用する場所や、施設にはどんな仕事があって、どんな仕組みで成り立っているのかを解説するシリーズ。

豊富なイラストや、実際に働いている人たちへのインタビューで、いろいろな職種を網羅して紹介。本書を読むことで、「仕事の現場」のバーチャル体験ができます。

シリーズ第1期：全7巻

病院で働く人たち／駅で働く人たち／放送局で働く人たち／学校で働く人たち／介護施設で働く人たち／美術館・博物館で働く人たち／ホテルで働く人たち

シリーズ第2期：全4巻

消防署・警察署で働く人たち／スーパーマーケット・コンビニエンスストアで働く人たち／レストランで働く人たち／保育園・幼稚園で働く人たち

シリーズ第3期：全4巻

港で働く人たち／船で働く人たち／空港で働く人たち／動物園・水族館で働く人たち

シリーズ第4期：全4巻

スタジアム・ホール・シネマコンプレックスで働く人たち／新聞社・出版社で働く人たち／遊園地・テーマパークで働く人たち／牧場・農場で働く人たち

シリーズ第5期：全3巻

美容室・理容室・サロンで働く人たち／百貨店・ショッピングセンターで働く人たち／ケーキ屋さん・カフェで働く人たち

シリーズ第6期：全3巻

工場で働く人たち／ダム・浄水場・下水処理場で働く人たち／市役所で働く人たち

シリーズ第7期：全5巻

銀行で働く人たち／書店・図書館で働く人たち／クリニック・薬局で働く人たち／商店街で働く人たち／ごみ処理場・リサイクルセンターで働く人たち

一部の商品は［デジタルプリント版］となります。詳細は小社営業部までお問い合わせください。

| 各巻の仕様 | A5判／並製／160頁／定価：本体1900〜2200円＋税 |

会社のしごと シリーズ 全6巻

会社の中にはどんな職種があるのかな？

松井大助 著

社会にでると多くの人たちが「会社」で働きます。会社には、営業や企画、総務といったしごとがありますが、これらがどういうしごとであるか、意外と正しく理解されていないのではないでしょうか？
このシリーズでは、会社の職種を6つのグループに分けて分かりやすく紹介し、子どもたちに将来のしごとへの理解を深めてもらうことを目指します。

① 売るしごと
営業・販売・接客
ISBN 978-4-8315-1306-9

お客さまと向き合い、会社の商品であるモノやサービスを買ってもらえるように働きかける「営業・販売・接客」のしごと。実際に働く14名へのインタビューを中心に、くわしく紹介します。

② つくるしごと
研究・開発・生産・保守
ISBN 978-4-8315-1323-6

ニーズにあった形や色・機能の商品を、適切な技術と手順で商品に仕上げ、管理する「研究・開発・生産・保守」のしごと。実際に働く14名へのインタビューを中心に、くわしく紹介します。

③ 考えるしごと
企画・マーケティング
ISBN 978-4-8315-1341-0

新たなモノやサービスを考え出し、お客様に買ってもらうための作戦を立てる「企画・マーケティング」のしごと。実際に働く14名へのインタビューを中心に、くわしく紹介します。

④ 支えるしごと
総務・人事・経理・法務
ISBN 978-4-8315-1350-2

各部門の社員が十分に力を発揮できるように、その活動をサポートする「総務・人事・経理・法務」のしごと。実際に働く14名へのインタビューを中心に、くわしく紹介します。

⑤ そろえるしごと
調達・購買・生産管理・物流
ISBN 978-4-8315-1351-9

工場やお店に必要なモノがそろうように手配する「調達・購買・生産管理・物流」のしごと。実際に働く14名へのインタビューを中心に、くわしく紹介します。

⑥ 取りまとめるしごと
管理職・マネージャー
ISBN 978-4-8315-1352-6

みんながいきいきと働いて、目的を達成できるように取りまとめる「管理職・マネージャー」のしごと。実際に働く14名へのインタビューを中心に、くわしく紹介します。

| 各巻の仕様 | A5判／上製カバー装／平均160頁 | 価格：本体2800円＋税 |

探検! ものづくりと仕事人

仕事人が語る、ものづくりのおもしろさ! 全5巻

本シリーズの特色

● その商品ができるまでと、
  かかわる人たちをMAPで一覧!

● 大きな写真と豊富なイラストで、
  商品を大図解!

● できるまでの工場見学をカラーページで紹介!

● 仕事人のインタビューから、
  仕事のやりがいや苦労がわかる!

● 歴史や知識もわかる、
  豆知識ページつき!

マヨネーズ・ケチャップ・しょうゆ

山中伊知郎 著

ISBN 978-4-8315-1329-8

マヨネーズ マヨネーズができるまでを見てみよう! マヨネーズにかかわる仕事人! ケチャップ ケチャップができるまでを見てみよう! ケチャップにかかわる仕事人! しょうゆ しょうゆができるまでを見てみよう! しょうゆにかかわる仕事人! まめちしき(マヨネーズの歴史 他)

ジーンズ・スニーカー

山下久猛 著

ISBN 978-4-8315-1335-9

ジーンズ ジーンズができるまでを見てみよう! ジーンズにかかわる仕事人! スニーカー スニーカーができるまでを見てみよう! スニーカーにかかわる仕事人! まめちしき(ジーンズの歴史・生地の話、スニーカーの歴史、スニーカーの選び方)

シャンプー・洗顔フォーム・衣料用液体洗剤

浅野恵子 著

ISBN 978-4-8315-1361-8

シャンプー シャンプーができるまでを見てみよう! シャンプーにかかわる仕事人! 洗顔フォーム 洗顔フォームができるまでを見てみよう! 洗顔フォームにかかわる仕事人! 衣料用液体洗剤 衣料用液体洗剤ができるまでを見てみよう! 衣料用液体洗剤にかかわる仕事人! まめちしき(シャンプーの歴史 他)

リップクリーム・デオドラントスプレー・化粧水

津留有希 著

ISBN 978-4-8315-1363-2

リップクリーム リップクリームができるまでを見てみよう! リップクリームにかかわる仕事人! デオドラントスプレー デオドラントスプレーができるまでを見てみよう! デオドラントスプレーにかかわる仕事人! 化粧水 化粧水ができるまでを見てみよう! 化粧水にかかわる仕事人! まめちしき(リップクリームの歴史 他)

チョコレート菓子・ポテトチップス・アイス

戸田恭子 著

ISBN 978-4-8315-1368-7

チョコレート菓子 チョコレート菓子ができるまでを見てみよう! チョコレート菓子にかかわる仕事人! ポテトチップス ポテトチップスができるまでを見てみよう! ポテトチップスにかかわる仕事人! アイス アイスができるまでを見てみよう! アイスにかかわる仕事人! まめちしき(チョコレート菓子の歴史 他)

| 各巻の仕様 | A5判/上製カバー装/平均128頁/一部カラー | 価格:本体2800円+税 |